生クリーム

カスタードクリーム

バタークリーム

クリームのことが よくわかる! お菓子の本

坂田阿希子

文化出版局

はじめに

子どものころ、ワクワクと心躍るケーキには、たいてい真っ白なクリームがのっていました。ふんわりと空気を含んだ生クリームにはキリッとした口金の筋がついています。その上には真っ赤ないちごとマスクメロン。チーズケーキやプリン、チョコレートケーキが入った箱の中でも、開けたとたんにいい匂いと存在感を現すのは、なんといってもいちごのショートケーキで、末っ子のわたしは、一番最初にそれを指さして獲得したものです。

クリスマスに初めて母とクリスマスケーキを作ったときも、牛乳屋さんに頼んで生クリームを手に入れました。牛乳瓶に入っている生クリーム。姉と二人、大喜びしてクリームを泡立てたものです。しかし問題はそこから。スポンジケーキにきれいにぬって、星型の口金で飾るのは本当に難しく、お店で見るようなケーキにはほど遠い仕上がりになりました。それでも、新鮮な生クリームで作ったクリスマスケーキの味はこの上なくおいしく、今でも舌の記憶にしっかりと残っています。

もちろん、今も生クリームのお菓子は大好きです。かさっとした焼き菓子にやわらかな口どけを与え、しっかり甘いお菓子をふんわりと中和し、そしてなにより華やかで夢のあるお菓子に仕立ててくれる生クリーム。どんなお菓子にだって、ふんわり泡立てたクリームをたっぷりと添えたくなってしまいます。

お菓子屋さんで働いていたころ、なかなかケーキの仕上げはやらせてもらえず、初めて小さなケーキの絞りを任せてもらえたとき、生クリームの扱いが少しわかったような気がしました。クリームの中でも生クリームは、特に扱いがデリケート。生クリームの特性やテクニックを知っているほうが、ずっとおいしく上手に仕上げることができます。

この本では生クリームをはじめ、カスタードクリームとバタークリームのお菓子もご紹介しています。どのクリームもおいしい洋菓子を作る出発点。今まで「?」と思っていたクリームのこと、少しでも皆さんの解決に役立てていただけたら幸いです。

坂田阿希子

目次

※計量単位は、大さじ１＝15mℓ、小さじ１＝5mℓです。
※卵は、Mサイズを使っています。
※製菓用チョコレートは、タブレット状のものはそのまま使い、
　ブロックのものは削って使います。
※オーブンは、電気オーブンを使っています。
　ガスオーブンでも本書の温度と時間で焼いてください。温度と焼き時間は目安です。
　熱源や機種によって多少差があるので、様子をみながら加減してください。
※ハンドミキサーは、特に明記がない場合は中速で使います。

生クリーム

ケーキ作りに欠かせないのが生クリーム。
スポンジケーキはもちろんのこと、
ビスキュイ生地、メレンゲ生地といった
比較的軽い生地との相性が抜群です。
デコレーションに使えば華やか、
ぬったりはさんだり、添えたりすれば
それだけでこの上ないおいしさに。
そんな生クリーム使いのあれこれを紹介します。

生クリームについて知っておきたいこと

数あるクリームの中でも、生クリームはいちばん水分が多くてみずみずしく、泡立てると空気を含んでやわらかな口当たりになるのが特徴です。白くふんわりとした質感そのものがとても魅力的なので、ショートケーキにしても、泡立てた生クリーム（クレーム・シャンティイ）があることで華やかさやボリューム感を出すことができるのです。

　また、甘みや苦みの強いお菓子、たとえば、濃厚なチョコレートケーキなどの味を中和してくれる役割もあり、使い方、味わい方もさまざまあります。

　一般に売られている生クリームは大別して、乳脂肪分が35％前後のもの、45％前後のもの。35％前後のものは軽い口当たりで、泡立つのがちょっと遅め。45％前後のものは泡立つのが早く、濃厚でコクのある味わい。泡立てるとつやが出て、絞り出すとキュッと立ったきれいなラインができます。逆にいえば、固まりやすく、脂肪分と水分が分離しやすいという性質があります。この性質を知っておくと、好みで使い分けることができます。それぞれ単独で使ってもいいし、両方を合わせて使う方法もあります。

この本で使う生クリームは

乳脂肪分35％前後の生クリーム、45％前後の生クリーム。それぞれ単独で使ってもいいし、この両方を合わせて使う方法もありますが、お菓子のデコレーションには、両方を合わせて乳脂肪分を42〜43％程度にすると扱いやすくなるといわれています。

基本は乳脂肪分45％前後の生クリーム150㎖、乳脂肪分35％前後の生クリーム50㎖を混ぜたもの。クレーム・シャンティイの材料に「生クリーム」と表記してあるものはすべて、このクリームです。割合は好みで加減しても。

生クリーム使いの道具

生クリーム使いに必要な道具は、泡立てたり混ぜたりするための道具と絞り出すときの道具。お菓子作りは計量が大切なので、このほか、はかり、計量カップ、大さじ、小さじなども必須です。

回転台、パレットナイフ、絞り出し袋、口金

回転台
回転台は生クリームをスポンジなどにぬるときに使います。台を回転させながらクリームをぬるとぬりやすく、仕上りもきれいに。

パレットナイフ
スポンジやパンに生クリームをぬったり、表面をならしたいときに使います。刃が平らで、長さ20～22cmくらいはあるものを。小サイズのものがあってもいいでしょう。

絞り出し袋
生クリームを絞るために必要な絞り出し袋は、洗いやすいナイロン製がおすすめ。私はマトファー社の30～40cm長さのものを使っています。

口金
絞り出し袋の先端につけて使う口金は、作るお菓子に合わせて用意。丸形口金、星形口金、サントノーレ口金、両目口金など（p.13参照）。

ゴムべら

ボウルの中はほぼ曲線になっているので、ゴムべらが欠かせません。ゴムに弾力があって、先がある程度やわらかいものを。へらはシリコン製、柄は持ちやすいものがおすすめ。私はマトファー社のものを使用しています。

泡立て器

泡立て部分のワイヤーの数が多く、ふくらみが大きく、しなやかなもの、グリップが持ちやすいものを用意。生クリームの量に応じて、大小のサイズを使い分けてもいいでしょう。

ボウル２個

生クリームを泡立てるためのボウル、氷水を入れるボウルの２個を用意。泡立てるためのボウルは、ステンレス製で立上りの深いタイプがおすすめです。ステンレス製がいいのは、熱伝導率が高く、よく冷えるからです。

クレーム・シャンティイを作るときは

「クレーム・シャンティイ」は、泡立てた生クリーム（ホイップクリームともいう）のこと。スポンジケーキとは切っても切れない関係で、このクレーム・シャンティイのおいしさが、ケーキの良し悪しを左右する大切な要素の一つになります。

通常、クレーム・シャンティイは生クリームに砂糖を加えて泡立て、最後にリキュール（好みで）を入れて仕上げますが、どんな砂糖をどのくらい加えるのか、どんなリキュールをどのくらい入れるかがセンスの見せどころです。生クリームのコクに砂糖の甘さとリキュールの香りがとけ合ったおいしさこそ、クレーム・シャンティイの醍醐味といえるでしょう。

生クリームを泡立て始めるときに砂糖を加えて甘みをつけます

使う砂糖は……

通常使われるのはグラニュー糖。グラニュー糖は結晶になっている分、高純度で、あくが少なく、さらりとした甘さ。生クリームに透明感が出るのが特徴で、泡立てるとつやが出ます。グラニュー糖以外に上白糖やきび砂糖などを使う場合もあります（p.16参照）。

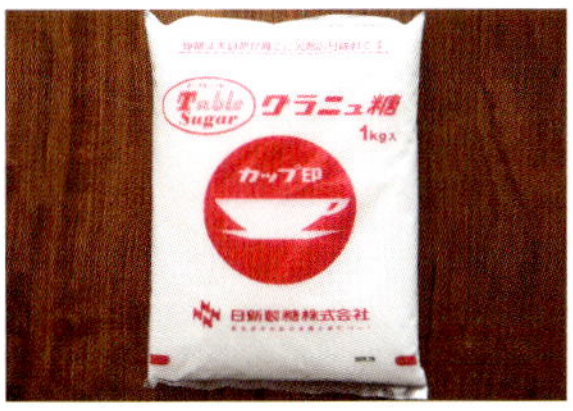

仕上げにリキュールを加えて香りをつけます

使うリキュールは……

お菓子の種類や組み合わせるフルーツによって選び方はさまざまですが、スポンジケーキなどお菓子に打つシロップと、クリームに加えるリキュールをそろえると、きれいな味にまとまります。「過ぎたるはなお及ばざるがごとし」というように、入れすぎると風味が強くなり全体のバランスをくずすので注意します。

（右下の写真・左から）

キルシュ　さくらんぼを発酵させて作る蒸留酒。辛口で無色透明、くせのないさわやかな香り。

グラン・マルニエ　コニャックにビターオレンジの蒸留エキスを加えて熟成させた、褐色のリキュール。

カルバドス　りんごが原料。フランスのノルマンディー地方で作られるものだけが名のれるリキュール。褐色で、華やかな香り。

ラム酒　さとうきびから作られる蒸留酒。この本では華やかな香りと豊かな風味のダークラムを使用。

ブランデー（コニャック）　ブランデーは果実酒から作った蒸留酒の総称。コニャックはフランス・コニャック周辺のブランデーで、ぶどうが原料、上品な香り。

コワントロー　ホワイトキュラソーの一つ。強いオレンジの香りとまろやかな甘味があり、無色。

マデイラ酒　ポルトガル領マデイラ島で作られる、アルコール度数の高いワイン。独特の強い香り。

クレーム・シャンティイの作り方

生クリームはとってもデリケート。スーパーなどから家に持ち帰るときはあまり揺らさないようにしましょう。特に乳脂肪分47%のものは約半分が乳脂肪分であるわけですから、パッケージごと揺らされるだけで、ふわふわの部分（脂肪）とサラサラの部分（水分）に分離してしまいます。脂肪はおのおの脂肪球というものに覆われており、それらが壊れると分離するのだそう。また、持ち帰ったらすぐに冷蔵庫に入れて冷やしておくのも鉄則。状態がすぐに変化するので、とにかく冷やし続けなくてはいけません。使う直前まで冷蔵庫で冷やします。そして、泡立てるときも、ボウルの底を氷水に当てながら行ないます。氷水に当てて泡立てるのは、温度を低く保つことが大事だからです。

また、泡立て始める前にチェックしたいのが、ボウル。ボウルの中の水気は厳禁。必ず水気をよくふき取ってから使うようにしましょう。

乳脂肪分45%（前後）150mℓと35%（前後）50mℓを用意。
生クリームにグラニュー糖を入れて泡立て開始

1 ステンレス製ボウルより一回り大きなボウル（ステンレス製でもガラス製でもよい）に氷水を高さ⅓まで入れ、ステンレス製ボウルを重ね、生クリーム（乳脂肪分45%のもの150mℓ＋乳脂肪分35%のもの50mℓ）とグラニュー糖大さじ2を入れる。

2 泡立て器で混ぜ始める。

3 グリップの持ち方は、力がしっかり入るように、上からつかむような感じ。

4 ボウルを少し傾け、空気を含ませながら混ぜていく。

とろみがついたら六分立て

5 全体にとろみがついたらゆっくりと混ぜ、泡立て器で生クリームをすくい上げてみる。とろとろと流れ落ち、落ちた跡がすぐに消えるくらいが六分立て。

6 とろみがついてきたら、少し混ぜるだけでどんどん重くなるので、ここからは様子を見ながら混ぜていく。

跡が残れば七分立て

7 全体がもったりとしてきて、泡立て器ですくうと下に落ちた跡が少し積もってゆっくりと消えるくらいが七分立て。スポンジにのせて、混ぜたりぬったりしているうちに少しかたくなるので、ゆるめにしておく。

角が立って、おじぎをするくらいが八分立て

8 さらに泡立て、さらにもったりとして、泡立て器ですくうと下にぼったりと落ち、落ちた跡がしっかり積もり、角が立っておじぎをするくらいが八分立て。

ボウルの端の一部分だけをかたく泡立てる

生クリームを六〜七分立てにしておいて、ボウルの端で一部分だけを用途に応じたかたさに泡立てて使うことができます。例えばショートケーキの場合、全体を七分立てにしておき、間にはさむ分だけをその都度八分立てにすると、作業もスムーズです。ボウルに残った分は冷蔵庫に入れて翌日までに使いきりましょう。

口金と絞り出し袋

ショートケーキやバターケーキのデコレーション、プリンやババロワの飾りつけに活躍するのが、口金と絞り出し袋。口金はさまざまなものが売られていますが、私が頻繁に使うのは丸形口金、星形口金、サントノーレ口金。この本では、フラワー口金、オープンスター口金なども、星形口金の一種として扱っています。細い模様をつけたいときはオーブンシートで作ったコルネを使います（p.17参照）。また、ここでご紹介したいのは、絞り出し袋の扱い方。口金や絞り方以前の基本として覚えておくといいでしょう。

絞り出し袋にクレーム・シャンティイを入れる

1 絞り出し袋の上部を外側に折り、口金を先端まで入れてみる。様子を見ながら少しずつ袋の先端をカットする。カットしすぎないよう注意。

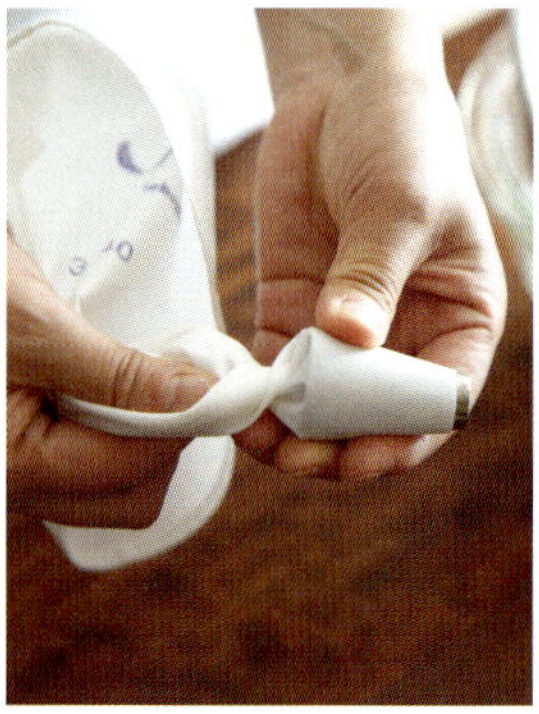

2 口金をセットしたら、手で口金を持ち、別の手で絞り出し袋をねじる。

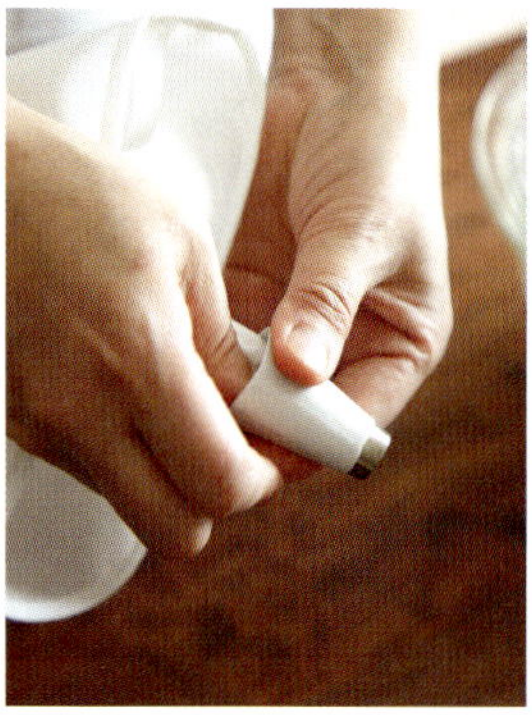

3 ねじった部分を口金の中に詰めるようにキュッと押し込む。

4 絞り出し袋にクレーム・シャンティイを入れる。

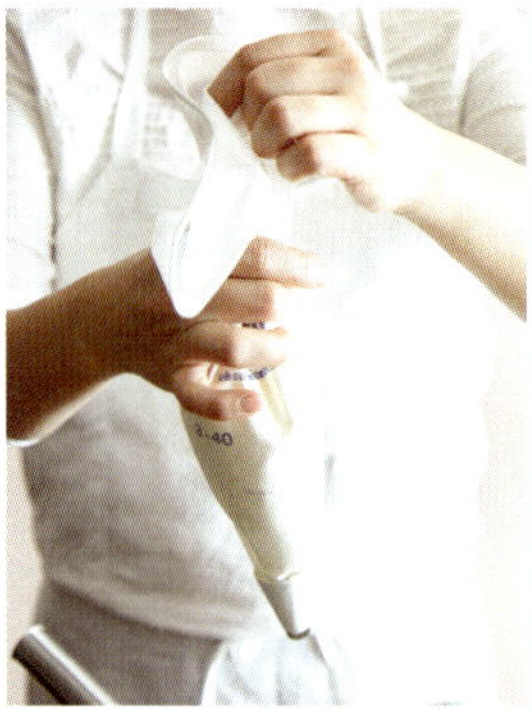

5 袋を閉じてクレーム・シャンティイを先端に向かって押す。

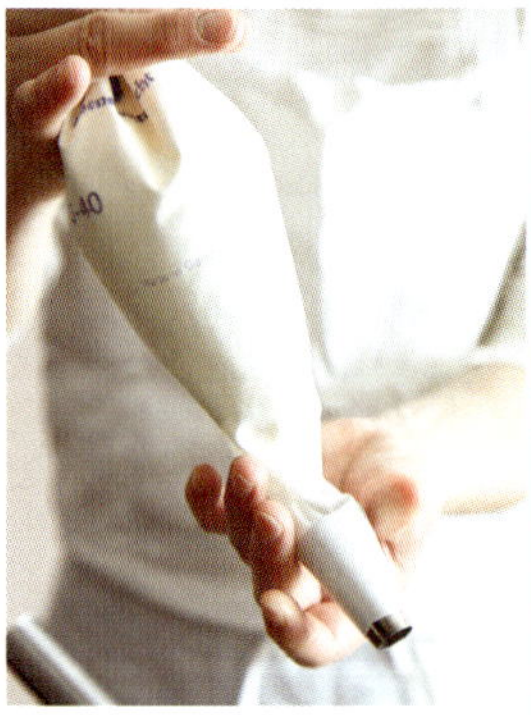

6 口金を引いて、絞り出し袋の押し込んだ部分をもとにもどし、袋の上をねじりながらクレーム・シャンティイを先端に向かって押し、中の空気を抜く。

7 これででき上り。手で袋の閉じた部分をもち、別の手で口金を支えて絞り出す。

この本で使った主な口金と絞り出し

A 丸形口金

B 星形口金8切

C・D 星形口金6切

E サントノーレ口金

F・G オープンスター口金

クレーム・シャンティイのバリエーション

味と香りに変化をつける

プレーンなクレーム・シャンティイは、アレンジ次第でいろいろなおいしさが楽しめます。ここでは、クレーム・シャンティイと相性のよいスポンジケーキ、メレンゲ、食パンのいずれにも合うものを紹介します。p.10にあるように、生クリームは、乳脂肪分45％前後のものと乳脂肪分35％前後のものを3対1の割合で混ぜてください。

上手に仕上げるポイントは、まず生クリームに砂糖を加えて泡立て、少しとろみをつけてからプラスアルファの材料を入れること。最初から入れてしまうと泡立つまでに時間がかかり、最後に加えると混ざりにくいためです。

抹茶クリーム

生クリーム150mℓに和三盆糖35gを加えて六分立てにし、抹茶小さじ2を熱湯小さじ2で溶いたものを加えてさらに混ぜる。

ヨーグルトクリーム

生クリーム100mℓにグラニュー糖大さじ1½を加えて六分立てにし、水きりヨーグルト大さじ2を加えてさらに混ぜる。

シナモンクリーム

生クリーム100mℓにグラニュー糖大さじ1½を加えて六分立てにし、シナモンパウダー小さじ½を加えてさらに混ぜる。

バニラクリーム

生クリーム200mℓにグラニュー糖大さじ2½を加えて六分立てにし、バニラビーンズ½本分、ラム酒小さじ1を加えてさらに混ぜる。

チョコレートクリーム

鍋に生クリーム80mℓを入れて沸騰させ、火を止め、製菓用チョコレート50gを刻んで加えてとかし、粗熱を取ってガナッシュを作る。ガナッシュに生クリーム200mℓを少しずつ加えてゴムべらで混ぜ、氷水に当てながらグラニュー糖小さじ2を加えて六分立てにし、キルシュ少々を加える。

あずきクリーム

生クリーム150mℓにグラニュー糖小さじ1を加えて七分立てにし、ゆであずき（市販）100gを加えてさらに混ぜる。

カラメルクリーム

生クリーム200mℓにグラニュー糖大さじ2を加えて七分立てにし、ブランデー大さじ2を加えて混ぜ、カラメルソース大さじ6（p.26参照）を加えてさらに混ぜる。

ジャムクリーム

生クリーム100mℓにグラニュー糖大さじ½を加えて六分立てにし、ラズベリーといちごのジャム（p.29参照）大さじ1を加えてさらに混ぜる。

こんなときはどうする？

クレーム・シャンティイが残ったら

保存容器に入れて冷蔵庫で保存可能。ただし、匂いが移りやすいので、2日以内に食べきるようにします。コーヒーやいちごにのせたり、ビスケットやクラッカーに添えたりと、いろいろに楽しめます。

生クリームが分離しかけたら

分離してしまったらもとには戻りません。泡立てることはあきらめて、おいしいバターを作って楽しんだほうがいいでしょう。作り方は簡単。分離した脂肪分をふきんなどにとって水気をきつく絞れば、フレッシュな作りたてのバターになります。パンやクラッカーにつけていただきましょう。

生クリームを泡立てすぎてしまったら

七分立ての生クリームを作ろうと思ったのに泡立てすぎてしまったら、乳脂肪分35％の生クリームを少し足します。ゴムべらで混ぜるとクリームがゆるんで、やわらかい状態に戻ります。泡立て器でガチャガチャと泡立てると分離してしまうので注意が必要です。

グラニュー糖以外の砂糖も使いたい

クレーム・シャンティイに使う砂糖はグラニュー糖が基本ですが、決してその限りというわけではありません。この本でも、組み合わせる生地やフルーツ、仕上りのイメージに合わせて、いくつかの砂糖を使っています。

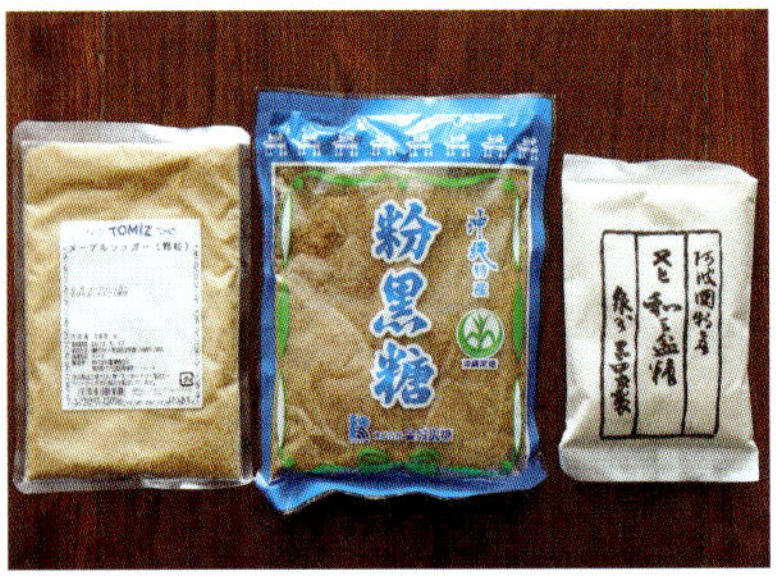

和三盆糖　特有の繊細な甘みを出したいときに。抹茶など和の素材と組み合わせるときに。
黒糖　豊かなコクがあり、砂糖きびの風味が強いので黒糖の風味と色を楽しみたいときに。白く仕上げたいときには不向き。細かい粉末タイプがおすすめ。
メープルシュガー　メープルシロップを煮つめて水分を飛ばして作った砂糖。すっきりとした甘みが特徴。

はちみつやメープルシロップは水分が多いので、単独で使うよりも、砂糖でうっすら甘みをつけて、風味づけに加えるのもおすすめ。独特の華やかさを感じることができます。

デコレーションで、細い模様をつけたいときは

クリームで文字を書いたり、細かいデコレーションを描いたりするのに便利なのがコルネ。コルネはオーブンペーパーなどで簡単に作ることができます。先端の切り方で線の細さも調整でき、クリームを好みの太さで絞り出すことができます。主にバタークリームの絞り出しに使います（p.72のラズベリークリームケーキ参照）。

コルネの作り方

1 オーブンペーパーを、25～30㎝の正方形に切る。

2 三角形に折り、折り目にそってはさみやカッターナイフで三角に切る。

3 長い辺を下にして置き、頂点から垂直に下ろしたところに左手を置く。

4 左手を動かさず、右手で左から右へと巻いていく。

5 コルネの先がとがるように、巻きながら調整する。

6 巻終りの状態。

7 巻終りの飛び出た部分を内側に折る。

8 巻始めの飛び出た部分を外側に折る。コルネのでき上り。

9 コルネの中にバタークリームを詰めて、空気が入らないようにコルネの口を折って閉じる。

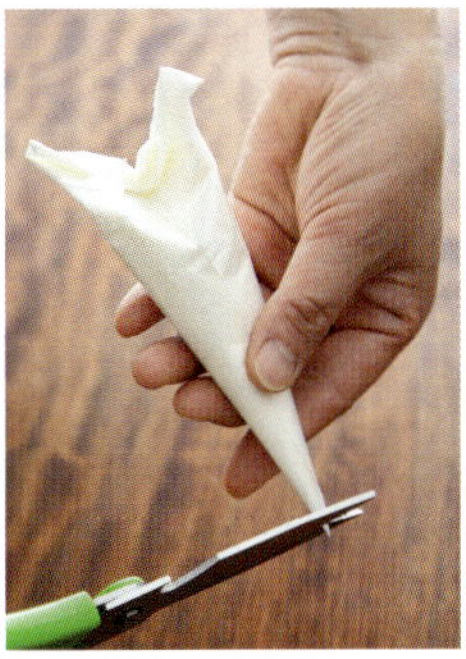

10 コルネの先端をはさみで切って使う。

クレーム・シャンティイのデコレーション

デコレーションで大切なのは、きれいに丁寧に作業すること。その結果、華やかで美しく、なによりおいしいケーキが仕上がるのです。ここでは、クレーム・シャンティイにおける「はさむ」「ぬる」「絞り出す」といった基本を、ショートケーキを例にとって紹介しましょう。

スポンジに「はさむ」ときは、切り分けた断面がキリッとした切り口になるように、また、間に入れるフルーツとの密着をよくするために、ある程度のかたさがある八分立てのクレーム・シャンティイを使います。

上面や側面を「ぬる」ときは、数回なでつけるようにして仕上げるので、七分立て程度のやわらかめのクレーム・シャンティイが向いています。やわらかいおかげで、上面にぬったクリームは自然に側面に落ち、さらに下へと落ちていくので、必要以上にさわらなくてもきれいにぬることができます。

「絞り出す」ときは、クリームがやわらかいと形がくずれてしまうので、八分立てのクレーム・シャンティイを用います。口金の形、デザインなどは自由。完成図をイメージしてから始めるといいでしょう。

クリームをぬるときはスポンジが冷めていることが前提。そして、シロップをぬってからクリームをぬったほうがスポンジになじみやすく、おいしいケーキになります。

いちごのショートケーキ

＞ 作り方は p.20

いちごのショートケーキ

材料：直径15cmの丸型1台分

スポンジ生地
- 卵　2個（約100g）
- 卵黄　1個分（約10g）
- 上白糖　70g
- 薄力粉　55g
- バター（食塩不使用）　20g

クレーム・シャンティイ（p.10参照）
- 生クリーム　250mℓ
- グラニュー糖　大さじ2 ½
- キルシュ　小さじ2

シロップ
- 水　50mℓ
- グラニュー糖　25g
- キルシュ　小さじ1

いちご　約20粒

準備
- 卵、卵黄は室温に戻す。
- 薄力粉はふるう。
- バターは湯せんでとかす。
- 型の側面と底にオーブンシートを敷く。
- オーブンは180℃に予熱する。
- シロップを作る。小鍋に水、グラニュー糖を入れて火にかけ、グラニュー糖が溶けたら火を止め、粗熱が取れたらキルシュを加える。
- いちごはへたを取り、半量は縦半分に切る。

スポンジ生地を焼く

1 ボウルに卵と卵黄を入れてほぐし、上白糖を加え、ボウルの底を直火に当てながら上白糖が溶けるまで泡立て器で混ぜる。

2 卵がさらっとしたらすぐに火から下ろす。指を入れると少し温かいくらいが目安。

3 ハンドミキサーで、もったりと白っぽくなるまで、しっかりと泡立てる。

4 線が描けるくらいまで泡立てたら、低速にして大きな泡をつぶし、さらに泡立て器できめを整える。

5 ふるった薄力粉を加え、ゴムべらで一気に、粉を下から持ち上げるようにして混ぜる。粉のむらがなくなるまで混ぜる。

6 とかしたバターを、ゴムべらに伝わらせながら加え、全体につやが出てバターのむらがなくなるまで混ぜる。

7 型に流し入れ、型ごと2～3回台に落として大きな泡を抜く。180℃のオーブンで25～30分焼く。

8 型から取り出してケーキクーラーの上で冷まし、オーブンシートを取る。

デコレーションをして仕上げる

9 スポンジを回転台に置き、表面の焼き色の部分を薄く削り取って平らにし、横2枚に切る。上のスポンジをはずし、下のスポンジの切り口にシロップをぬる。

10 七分立てのクレーム・シャンティイを作り、一部分を八分立てにし（p.11参照）、9にのせて、パレットナイフでぬり広げる。

11 縦半分に切ったいちごの切り口を下にして並べる。

12 クレーム・シャンティイの一部分を八分立てにし（p.11 参照）、11にのせ、いちごがしっかりかくれるまでぬり重ねる。

13 2枚目のスポンジの片面にシロップをぬり、ぬった面を下にして12に重ね、上面にもシロップをぬる。

14 七分立てのクレーム・シャンティイをのせ、パレットナイフでぬって上面を平らにする。

15 側面に落ちたクリームをパレットナイフを立ててぬりつける。

16 さらにクレーム・シャンティイを足して、回転台を回しながら、パレットナイフも同じ方向に向けてぬり、側面をきれいに整える。

17 パレットナイフを底面に入れ、余分なクリームを取って形を整える。

18 上面の縁もパレットナイフで整え、エッジを立たせる。

19 残りのクレーム・シャンティイを八分立てにして、丸形口金をつけた絞り出し袋に入れ、上面の縁にそって絞り出す。

20 残りのいちごをバランスよくのせる。

ショートケーキのバリエーション

ショートケーキは、口当たりよく、軽い食べ心地で、重くなりすぎないように仕上げたいものです。それには、フルーツ、クレーム・シャンティイ、スポンジのバランスを考えることが大事。たとえば、フルーツを主役に考えるなら、スポンジを二段重ねにしてフルーツをたっぷりとはさみ、上面にも大きめに切ってのせ、その存在感を消さないようにクレーム・シャンティイを絞ります。クリームを主役に考えるなら、スポンジを薄く切ってクレーム・シャンティイをはさんで三段重ねにし、しっとり感を出します。左下のベリーのショートケーキのように、絞り出し袋を使わず、パレットナイフで表情をつけながら仕上げる方法もあります。ショートケーキの組立て方やクレーム・シャンティイのデコレーションについては、p.18とp.21を参照してください。

抹茶ときんかんのショートケーキ

- シロップは、水50㎖、和三盆糖25gで作る（p.20参照）。
- クレーム・シャンティイは抹茶風味（p.14参照）。
- スポンジは横3枚に切り、3段重ねに。それぞれクレーム・シャンティイをはさむ。
- 上面のデコレーションは小さな星形口金を使って仕上げ、半分に切ったきんかんのコンポートをのせる。

※**きんかんのコンポート**（作りやすい分量）
きんかん500gはところどころ縦に切り目を入れ、1～2分下ゆでする。鍋にグラニュー糖100g、はちみつ80g、水200㎖を入れて煮溶かし、きんかんを加え、落としぶたをして15～20分弱火で煮る。レモン果汁小さじ1を加えて一煮立ちさせる。

メロンのショートケーキ

- シロップに使うリキュールは、マデイラ酒小さじ1（p.20参照）。
- クレーム・シャンティイは、生クリーム200㎖、グラニュー糖大さじ2、マデイラ酒小さじ1½で七分立てにする。
- スポンジの間には1㎝厚さに切ったメロンと八分立てのクレーム・シャンティイをはさむ。
- デコレーションには七分立てのクレーム・シャンティイをぬり、サントノーレ口金を使って仕上げ、中心にくり抜いたメロンをのせる。

ベリーのショートケーキ

- シロップに使うリキュールはキルシュ（p.20参照）。
- クレーム・シャンティイは、生クリーム150㎖、グラニュー糖大さじ1½、キルシュ小さじ1。
- スポンジの間にはブラックベリー、ラズベリー、ブルーベリーなどのベリー類を並べて仕上げる。
- デコレーション用には七分立てのクレーム・シャンティイをぬり、口金を使わず、パレットナイフを使って表情をつけながら仕上げる。上面にベリー類とミントの葉を飾り、粉糖をふる。

チョコレートクリームのショートケーキ

- シロップに使うリキュールは、ブランデー小さじ1（p.20参照）。
- クレーム・シャンティイはチョコ風味（p.15参照）。
- スポンジは横3枚に切り、3段重ねに。1段目にはバナナの薄切りとクレーム・シャンティイ、2段目にはバナナの薄切りと砕いたくるみとクレーム・シャンティイをはさむ。
- デコレーションは星形口金を使って仕上げ、ココアパウダーと削ったチョコレートをのせる。

クレーム・シャンティイを巻いて、はさんで、楽しむ

薄く焼いたスポンジでクレーム・シャンティイを巻いたロールケーキは、スポンジの焼き時間が短く、凝ったデコレーションも必要なく、意外と手軽。スポンジと生クリームだけで味を完成させるお菓子です。

クレーム・シャンティイと一緒にナッツやフルーツを巻いたり、スポンジ生地をキャラメル生地やコーヒー生地、抹茶生地にしたりと、遊び心で自由に変化をつけることもできます。上手に巻くポイントは、スポンジにシロップをぬってしっとりとさせ、クリームをなじみやすくすることと、巻いている最中に左右の脇からクリームが出ないように八分立てのクレーム・シャンティイを使うことの2点です。

クレーム・シャンティイとシロップは、リキュールを同じものにすると、味と香りが立ちます。

キャラメルロールケーキ ＞ 作り方は p.26

キャラメルロールケーキ

材料：1本分（28×28㎝の天板）

カラメルソース（作りやすい分量）
- グラニュー糖　100g
- 水　130㎖

シロップ
- カラメルソース　大さじ2
- 水　大さじ2
- ブランデー　小さじ1

ロール用スポンジ生地
- 卵　3個
- きび砂糖　60g
- 薄力粉　60g
- バター（食塩不使用）　10g
- 牛乳　10㎖
- カラメルソース　大さじ2

クレーム・シャンティイ（p.10参照）
- 生クリーム　200㎖
- グラニュー糖　大さじ2
- ブランデー　小さじ2
- カラメルソース　大さじ5〜6

仕上げ用
- クレーム・シャンティイ（八分立て）　適量
- 粉糖　適量

準備
- 卵は室温に戻す。
- 薄力粉はふるう。
- バターは牛乳と合わせて湯せんでとかす。
- 天板にオーブンシートを敷く。
- オーブンは200℃に予熱する。

カラメルソースとシロップを作る

1 カラメルソースを作る。鍋にグラニュー糖と水大さじ2（30㎖）を入れて火にかけ、濃い茶色になったら水100㎖を加えて溶かし、粗熱を取る。

2 シロップを作る。1から大さじ2を取り分け、分量の水とブランデーを加える。

ロール用スポンジ生地を焼く

3 ボウルに卵を割りほぐし、きび砂糖を加え、ボウルの底を直火に当てながら泡立て器で混ぜる。指を入れると少し温かいくらいを目安に。

4 ハンドミキサーで、もったりと白っぽくなり、持ち上げて生地で線が描けるくらいになるまで、しっかりと泡立てる。

5 分量のカラメルソースを加えて、泡立て器で全体にむらが出ないように混ぜる。

6 ふるった薄力粉を一気に加える。粉を下から持ち上げるようにして、ゴムべらでむらが出ないように混ぜる。

7 とかしたバターと牛乳をゴムべらを伝わらせて加え、混ぜ合わせる。

8 28×28㎝の天板に流し入れ、カードでならし、天板ごと2〜3回台に落として空気を抜く。200℃のオーブンで10分ほど焼く。

9 すぐに天板からはずし、ポリ袋などに入れて粗熱を取る。

巻いて仕上げる

10 生クリーム、グラニュー糖で七分立てのクレーム・シャンティイを作り、カラメルソース大さじ5を加える。

11 泡立て器でむらなく混ぜる。

12 味をみて、さらにカラメルソース大さじ1を加え、しっかりと混ぜて八分立てにしたらブランデーを加える。

13 スポンジをひっくり返してオーブンシートをはがし、そのままさらに裏返して焼き面を上にし、**2**のシロップをぬる。

14 クレーム・シャンティイをのせ、パレットナイフで平らにぬり広げる。

15 手前からオーブンシートごと巻いていく。オーブンシートをめん棒と一緒に持ち上げると巻きやすい。

16 巻終りを手で押さえてしっかりと形作る。

17 ラップに包み、冷蔵庫で1時間ほど休ませる。

18 ラップをはずし、星形口金をつけた絞り出し袋に仕上げ用クレーム・シャンティイを入れ、上面に絞り出す。

19 ロールケーキの片側だけに、粉糖を茶こしでふる。

ヴィクトリアケーキ

ヴィクトリア女王ゆかりの、イギリスで最も親しまれているお菓子で、プレーンなバターケーキにラズベリージャムとクレーム・シャンティイをサンドしただけのシンプルなもの。学生時代、イギリス旅行中に滞在した友人宅で、お母さんが「ヴィクトリアのないティータイムなんてあり得ないのよ」と言っていつも作ってくれていました。ラズベリージャムが甘いので、クレーム・シャンティイには砂糖を加えません。この組合せが最高ですが、お好みのジャムでもいいですし、いちごジャム、レモンカードなど酸味のあるものでも合います。

材料：直径18cmの丸型1台分

バター　150g

粉糖　150g

卵　150g（3個）

薄力粉　150g

ベーキングパウダー　小さじ1 ⅓

クレーム・シャンティイ（p.10参照）

［生クリーム　150mℓ

ラズベリーといちごのジャム＊　200g

仕上げ用

［粉糖　適量

＊ラズベリーといちごのジャム（作りやすい分量）
ラズベリー200gとへたを取ったいちご100gを鍋に入れ、グラニュー糖200gをまぶして30分おく。強めの中火にかけ、沸騰したらあくを除き、弱めの中火で煮つめる。ペーパータオルで落としぶたをし、鍋のふたをして一晩おく。翌日レモン果汁大さじ1を加えてさっと煮立て、冷ます。

準備

- バターは室温に戻す。
- 卵はとく。
- 薄力粉とベーキングパウダーは合わせてふるう。
- 型に薄くバター（分量外）をぬって冷蔵庫で冷やし、強力粉（なければ薄力粉）をまぶして余分な粉は落とす。
- オーブンは180℃に予熱する。

1 ボウルにバターを入れて粉糖を加え、ハンドミキサーで白くふんわりとするまですり混ぜる。

2 とき卵を少しずつ加え、その都度しっかりと空気を入れながら混ぜ合わせる（**a**）。

3 ふるった粉類を加え（**b**）、ゴムべらでさっくりとむらのないように混ぜる。

4 型に流し入れ、表面をならす（**c**）。2〜3回台に落として空気を抜く。

5 180℃のオーブンで25分ほど焼く。焼き上がって数分したら型からはずし、ケーキクーラーの上で冷ます（**d**）。

6 回転台に**5**のケーキを置いて横2枚に切る。上のスポンジをはずし、下のスポンジにラズベリーといちごのジャムを少し厚めにぬる。上に七分立てのクレーム・シャンティイをたっぷりとのせ（**e**）、パレットナイフで平らにぬり広げ、上のスポンジをのせる（**f**）。

7 仕上げに茶こしで粉糖をたっぷりとふる。

a

b

c

d

e

f

フルーツサンド

フルーツサンドには、ほんのり塩気のあるふんわりタイプの食パンを。これにリキュールを少し効かせた程よい甘さのクレーム・シャンティイを合わせ、ショートケーキと同様、切り分けたときの断面がきれいになるように八分立てを用います。フルーツの甘さが加わることを考慮に入れて砂糖の量は控えめに。

パンは必ず耳つきのものを用意してください。クレーム・シャンティイを思う存分はさんでサンドし、それから耳を切り落とすと、端までクリームが行き渡り、どこから食べてもおいしい一口になります。

a

b

c

d

e

f

材料：4人分

食パン（10枚切り）　8枚
いちご　2粒
メロン　1/8個分
黄桃（缶詰）　半割りのもの1個
クレーム・シャンティイ（p.10参照）
生クリーム　100mℓ
グラニュー糖　小さじ1
キルシュまたはコワントロー　小さじ1

1 フルーツを用意する。いちごはへたを取って縦半分に切る。メロンは1cm厚さに切り、黄桃は汁気をふいて1cm厚さに切る。ペーパータオルを敷いたバットに並べておく。

2 生クリームにグラニュー糖を入れて六〜七分立てにして、キルシュを加え、さらに泡立てて八分立てのクレーム・シャンティイを作る。

3 食パンは2枚1組にし、1枚にクレーム・シャンティイをぬり、真ん中にいちご、そのまわりにメロンと黄桃を、パンを切ったときに見えるように並べる（a）。

4 クレーム・シャンティイをたっぷりとのせ、フルーツがかくれるまでパレットナイフでぬり広げる（b）。もう1枚の食パンを重ねて手で軽く押さえ、パレットナイフで側面のクリームを整える（c）。

5 ラップにしっかりと包み、バットなどにのせて冷蔵庫で30分ほど落ち着かせる（d）。

6 パンの耳の部分を切り落とし（e）、熱湯につけた包丁で6等分に切り分ける（f）。一度切るごとにペーパータオルでふき、その都度温めて水気をふくようにする。

フルーツサンドのバリエーション

クレーム・シャンティイとフルーツの取合せ方が、フルーツサンドのおいしさを左右します。ここでは、p.14〜15で紹介したクレーム・シャンティイに合う、おすすめフルーツとのコンビネーションを紹介します。使うパンは基本的に白い食パンですが、シナモンクリームやヨーグルトクリームはライ麦入りやキャラウェイシード入りの食パンも合います。

いずれも、パンを切ったときにフルーツがきれいに見えるように並べ、クレーム・シャンティイを怖がらずにたっぷりとはさんでください。

白桃とヨーグルトクリーム

- クレーム・シャンティイはヨーグルト風味（p.14参照）八分立て。
- 白桃（缶詰）半割りのもの1個は汁気をふき、5mmくらいの厚さの薄切りにする。
- 食パンにクレーム・シャンティイをぬり、薄切りの白桃を手のひらで押してずらして平らにし、パンにのせる。クレーム・シャンティイをたっぷりとのせてサンドする。

丸ごとバナナとバニラクリーム

- クレーム・シャンティイはバニラ風味（p.15参照）八分立て。
- バナナ3本を食パンの長さにそろえて切る。
- 食パンにクレーム・シャンティイをぬり、バナナをのせ、クレーム・シャンティイをたっぷりとのせてサンドする。

いちごとあずきクリーム

- クレーム・シャンティイはあずき入り（p.15参照）八分立て。
- いちご4〜5粒はへたを取って縦半分に切る。
- 食パンにクレーム・シャンティイをぬり、いちごを並べ、クレーム・シャンティイをたっぷりとのせてサンドする。

りんごとシナモンクリーム

- クレーム・シャンティイはシナモン風味（p.15参照）八分立て。
- りんご1個はくし形切りにして皮をむき、1〜2mm厚さの薄切りにし、レモン果汁少々をかける。
- ライ麦食パンにクレーム・シャンティイをぬり、薄切りのりんごを手のひらで押してずらして平らにし、パンにのせる。シナモンパウダー少々をふり、クレーム・シャンティイをたっぷりとのせてサンドする。

生クリームとメレンゲの取合せがおいしい

ロシアのバレリーナ、アンナ・パヴロヴァに由来するメレンゲ菓子。サクサクとした軽い食感と、クレーム・シャンティイのふわっとした食感が絶妙です。クレーム・シャンティイはバニラエクストラクトとローズウォーターを加えて仕上げているので、メレンゲと一緒に頬張ると、優雅でやさしい香りが口の中に広がります。見た目の純白さもこのお菓子ならではの魅力です。

メレンゲは型や絞り出し袋を使わずに天板にスプーンで落として丸く広げ、低温のオーブンでゆっくり、しっかりと乾燥させるのがポイントです。

f

d

a

g

e

b

c

パヴロヴァ

材料：直径 18㎝のもの 1 台分

メレンゲ

- 卵白　2 個分
- グラニュー糖　120g

コーンスターチ　小さじ 1

白ワインビネガー　小さじ½

クレーム・シャンティイ（p.10 参照）

- 生クリーム　300㎖
- 粉糖　大さじ 1
- バニラエクストラクト　少々
- ローズウォーター＊（あれば）　小さじ 1

ベリー類

- ブラックベリー、ラズベリー、ブルーベリーなど　適量

＊ローズウォーター
バラのつぼみの香りを水蒸気蒸留法で抽出したもの。香りづけに使う。製菓材料店で購入可。

準備

- 卵白は冷やす。
- 天板にオーブンシートを敷き、鉛筆などで直径 18㎝の円形を 2 つ描く。
- オーブンは 120℃に予熱する。

1 メレンゲを作る。ボウルに卵白を入れてハンドミキサーで少しふんわりとするまで泡立て、グラニュー糖を5回くらいに分けて加え、つやが出てしっかりとするまで泡立てる。

2 1にコーンスターチ、白ワインビネガーを加え（a）、さらに泡立ててメレンゲを安定させる。

3 天板の円形にそってスプーンでメレンゲを落とし、丸く広げる（b）。少し真ん中をへこませるようにする。これを2個作る。

4 120℃のオーブンに入れ、表面が固まってくるまで20分ほど焼き、100℃に下げてさらに2～3時間乾燥焼きにする。オーブンの熱源を切ってそのまま一晩乾燥させる（c）。

5 生クリームに粉糖を入れて泡立て、バニラエクストラクト、ローズウォーターを加え（d）、七分立てのクレーム・シャンティイを作る。

6 4のメレンゲ1枚の上にクレーム・シャンティイをたっぷりとのせ、パレットナイフで平らにぬり広げる（e）。

7 もう1枚のメレンゲをのせ（f）、さらにクレーム・シャンティイをたっぷりとのせて、パレットナイフでぬり広げる（g）。ベリー類をのせる。

メレンゲが残ったら……

丸形口金や星形口金をつけた絞り出し袋に入れてオーブンシートを敷いた天板に絞り出し、パヴロヴァと同様にして焼く。好みのクレーム・シャンティイ（p.14～15 参照）をたっぷりと添えていただく。焼いたメレンゲは缶や密閉容器に乾燥剤とともに入れておくと、2 週間はもつ。

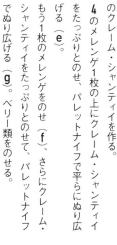

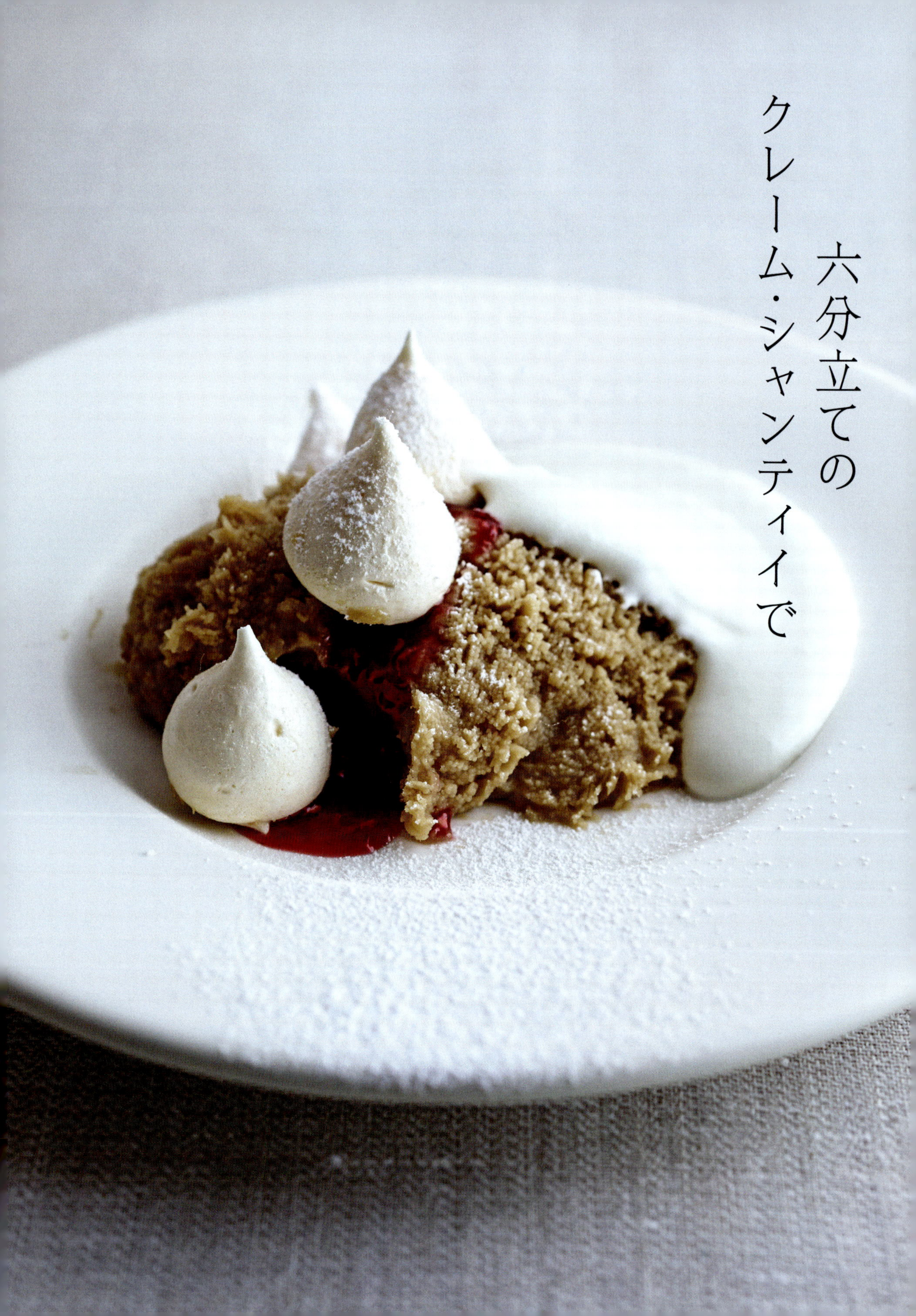

六分立ての
クレーム・シャンティイで

c

a

d

b

マロンシャンテリー

マロンシャンテリーやモンブランなど、栗のお菓子には生クリームが欠かせません。ホクホクしている栗で作るマロンペーストやマロンクリームには、かたさと重量感があるので、六分立てのなめらかなクレーム・シャンティイを合わせることによって口どけがよくなり、すっきりとした食べ心地のお菓子が完成するからです。

マロンクリームはブランデーやラム酒などのリキュールを効かせているので、クレーム・シャンティイは生クリームとグラニュー糖だけで仕上げます。

材料：作りやすい分量

マロンクリーム

- 栗（鬼皮つき）　1kg
- グラニュー糖　300g
- バター（食塩不使用）　50g
- 牛乳　½カップ
- ブランデーまたはラム酒　小さじ2

クレーム・シャンティイ（p.10参照）

- 生クリーム　200mℓ
- グラニュー糖　大さじ2

ラズベリーといちごのジャム（p.29参照）　適量

メレンゲ（p.35参照）　適量

粉糖　適量

1 マロンクリームを作る。栗は包丁で横に切り目を入れる。圧力鍋に蒸し皿を敷いて蒸し皿の下まで水を入れ、栗を並べ入れる。強火にかけ、シューッと蒸気が出たら弱火にし、6分ほど加熱する。火を止めて圧力を抜いて栗を取り出す。圧力鍋の代わりに蒸し器で蒸してもよい。

2 **1**の栗の鬼皮と渋皮をむき、カードなどを使って裏ごしする（a）。

3 **2**を鍋に入れ、グラニュー糖、バターを加えて火にかけ、木べらで練り混ぜ、牛乳を少しずつ加えて（b）、ぽったりとするまで練り上げる（c）。仕上げにブランデーを加えて香りをつける（d）。

4 生クリームにグラニュー糖を入れて泡立て、六分立てのクレーム・シャンティイを作る（e）。

5 器に**3**のマロンクリームを盛り、ジャム、好みでメレンゲをのせ、クレーム・シャンティイをたっぷりと添える。粉糖をふる。

e

七分立ての
クレーム・シャンティイで

生クリームを添えるだけでおいしさが倍増するお菓子は数々ありますが、なかでもフランス菓子の定番、ガトーショコラはその筆頭といえるでしょう。ガトーショコラのおいしさはカカオの風味や苦さ、味わい、生地感にありますが、生クリームはそのどれもの引き立て役。七分立てのふんわりとしたクレーム・シャンティイと一緒にいただけば、この上ないおいしさに。クレーム・シャンティイにはリキュールを入れても入れなくてもかまいません。

　ガトーショコラをおいしく作るこつは、メレンゲを加えたらゴムべらで泡をつぶさないように混ぜること。また、焼いたら一晩はおいて翌日以降に楽しむことです。

ガトーショコラ

材料：直径15cmの丸型1台分

製菓用チョコレート
（カカオ分60％以上のもの）　80g
バター（食塩不使用）　70g
卵黄　3個分
グラニュー糖　60g
生クリーム　30mℓ
薄力粉　15g
ココアパウダー　30g
メレンゲ
- 卵白　3個分
- グラニュー糖　90g

粉糖　適量
クレーム・シャンティイ（p.10参照）
- 生クリーム　200mℓ
- グラニュー糖　大さじ2

準備
- 薄力粉とココアパウダーは合わせてふるう。
- 型の側面と底にオーブンシートを敷く。
- オーブンは160℃に予熱する。

a

b

c

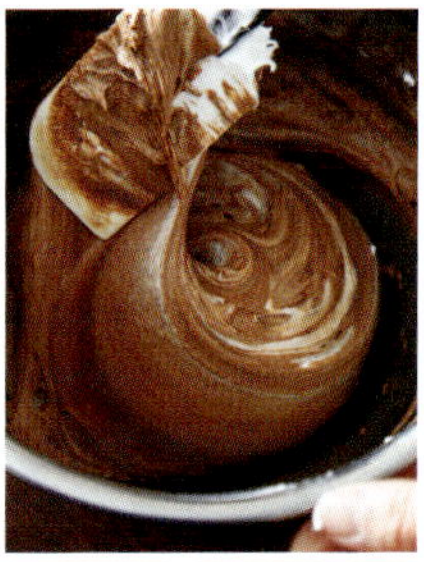
d

e

1 チョコレートは細かく刻んでボウルに入れ、バターを加え、湯せんでとかす。

2 別のボウルに卵黄とグラニュー糖を入れ、泡立て器で白っぽくもったりするまですり混ぜて、1を加えて混ぜる。

3 生クリームを加えて混ぜ（a）、ふるった粉類を加えて混ぜる。

4 メレンゲを作る。ボウルに卵白を入れて少しふんわりとするまで泡立て器で混ぜ、グラニュー糖90gを3～4回に分けて加えながら泡立て、しっかりとしたメレンゲにする（b）。

5 3にメレンゲの1/3量を加えて混ぜ（c）、残りのメレンゲを加えてゴムべらで泡をつぶさないようにしながら、さっくりと全体を混ぜる（d）。

6 型に流し入れ（e）、型ごと2～3回台に落として空気を抜き、160℃のオーブンで40～45分焼く。

7 型から取り出してケーキクーラーの上で冷まし、オーブンシートを取る。仕上げに粉糖をふり、七分立てにしたクレーム・シャンティイを添える。

八分立ての
クレーム・シャンティイで

丁寧に作ったオーソドックスなプリンのおいしさは格別。しっかりと焦がして香ばしく仕上げたカラメルソースで味を引き締めるのがポイントです。そんなカラメルソースとやさしい甘さのクレーム・シャンティイは好相性。プリン・ア・ラ・モードのように凝った盛りつけをしなくても、プリンのまわりに星形口金で絞り出すだけで、かわいらしさが演出できます。ここではダークチェリーの赤ワイン煮を添え、少し大人っぽいテイストに仕上げました。

カスタードプリン

材料：直径 6.5cm×高さ 4cmのプリン型
　7～8個分

卵　3個
卵黄　2個分
グラニュー糖　100g
牛乳　500mℓ
バニラビーンズ　½本

カラメルソース
- グラニュー糖　70g
- 水　大さじ3

ダークチェリーの赤ワイン煮
（作りやすい分量）
- ダークチェリー（缶詰）　1缶（220g）
- 赤ワイン　½カップ
- グラニュー糖　60g
- バニラビーンズ　½本

クレーム・シャンティイ（p.10 参照）
- 生クリーム　150mℓ
- グラニュー糖　大さじ1½
- キルシュ　小さじ2

準備
- ダークチェリーは水気をきる。
- バニラビーンズは縦に切り目を入れる。
- プリン型の内側にバター（分量外）を薄くぬる。

1 ダークチェリーの赤ワイン煮を作る。鍋にダークチェリー、赤ワイン、グラニュー糖、バニラビーンズを入れて火にかけ、水気が⅔量くらいになるまで弱火で煮る。粗熱を取る。

2 カラメルソースを作る。鍋にグラニュー糖と水大さじ1を入れて火にかけ、鍋の縁が焦げついてきたら鍋を揺すりながらカラメル色になるまで焦がす。火を止めてすぐに水大さじ2を加え、鍋を揺すりながらなじませ、素早く型の底に流す（**a**）。

3 ボウルに卵と卵黄を入れてほぐし、グラニュー糖を加えて混ぜる。

4 牛乳とバニラビーンズを鍋に入れて沸騰直前まで温め、**3**に少しずつ加える。バニラビーンズは指で種子をしごき出し、さやは除く。一度こす。

5 **4**にペーパータオルをのせて表面の泡を取り除き、プリン型に流す（**b**）。

6 バットに**5**を並べて天板にのせ、型の¼の高さまで熱湯を注ぐ（**c**）。140℃のオーブンで40～50分蒸焼きにし、粗熱が取れたら冷蔵庫に入れて冷やす。

7 生クリームにグラニュー糖、キルシュを入れて泡立て、八分立てのクレーム・シャンティイを作る。星形口金をつけた絞り出し袋に入れる。

8 プリンを型から出して器に盛り、**7**のクレーム・シャンティイを周囲に絞り出し（**d**）、ダークチェリーの赤ワイン煮をのせる。

d

a

b

c

甘みのないクレーム・シャンティイで

一般にクレーム・シャンティイは生クリームに砂糖、好みでリキュールを入れて作りますが、ここでは生クリームだけをホイップした、甘くないクレーム・シャンティイの使い方を提案します。たとえばコーヒーゼリー。コーヒーゼリー自体に砂糖が加えられている甘いタイプには甘くないクレーム・シャンティイを。また、コーヒーゼリーが甘くないタイプでも、あえて甘くないクレーム・シャンティイを合わせ、黒みつやはちみつ、メープルシロップをかけて、味の変化を楽しむことができます。甘く煮たフルーツとフレッシュなクレーム・シャンティイの組合せもおすすめ。ここではタルトタタン風に仕上げたキャラメルりんごを紹介します。

コーヒーゼリー

材料：約120mℓの容器４個分
コーヒー豆　20g
板ゼラチン　6g
黒みつ　適量
クレーム・シャンティイ（p.10 参照）
［生クリーム　100mℓ

準備
- 板ゼラチンは水適量（分量外）に入れてふやかす。

1 コーヒー豆はひいて熱湯300mℓ（分量外）で抽出する。
2 1のコーヒーを鍋に入れて温め直し、火を止め、水気をきった板ゼラチンを加えて溶かす。
3 粗熱が取れたら器に流し入れ（a）、冷蔵庫で冷やし固める。
4 生クリームを泡立て、八分立てのクレーム・シャンティイを作る。星形口金をつけた絞り出し袋に入れる。
5 3が固まったら、クレーム・シャンティイを絞り出し（b）、黒みつをかける。

a

b

材料：4人分
りんご（ふじなど）　2個
グラニュー糖　250g
レモン果汁　大さじ1
水　100㎖
カルバドス　大さじ1
カラメルソース
- グラニュー糖　100g
- 水　130㎖

クレーム・シャンティイ（p.10参照）
- 生クリーム　200㎖
- シナモンパウダー　適量
- カルバドス　小さじ1

キャラメルりんご

1 カラメルソースを作る。鍋にグラニュー糖と水大さじ2（30㎖）を入れて火にかけ、鍋の縁が焦げついてきたら鍋を揺すりながらカラメル色になるまで焦がす。火を止めてすぐに残りの水100㎖を加え、鍋を揺すりながらなじませ、再び火にかけて鍋底に固まったカラメルを溶かす。

2 りんごは8等分のくし形に切って芯を取って皮をむく。鍋に入れ、グラニュー糖、レモン果汁、水を加えて火にかけ、沸騰したら弱火にし、りんごが透明になるまで煮る。

3 カラメルソースを**2**に加え（a）、オーブンシートで落としぶたをし、さらに弱火で20分ほど煮る。火を止めて粗熱を取り（b）、全体にカラメルが浸透したらカルバドスを加え、冷蔵庫で冷やす。

4 生クリームにシナモン、カルバドスを加えて泡立て、七分立てのクレーム・シャンティイを作る。

5 器に**3**を盛り、クレーム・シャンティイをたっぷりと添える。好みでシナモンパウダーをふる。

a

b

生クリームを生地に入れる

バニラのババロワ

作り方は p.46

ババロワは、卵と牛乳で作るアングレーズソースに生クリームを合わせたお菓子。泡立てた生クリームを加えることでふんわりとした食感になり、ババロワならではのおいしさが完成します。

ババロワ作りのポイントは、ゼラチンを混ぜたアングレーズソースのとろみと、泡立てた生クリームのとろみ具合をそろえること。むらなく混ざり、きれいに口当たりよく仕上がります。

パンナコッタ

＞ 作り方は p.47

パンナコッタはイタリアのお菓子で、パンナは生クリーム、コッタは煮つめるの意。生クリーム、牛乳、砂糖を合わせ、バニラなどで風味づけをして煮つめ、ゼラチンで固めます。ババロワとは違って生クリームは泡立てず、しばらく煮つめて濃厚な味わいにするのが特徴。私はレモンの皮を加えてさわやかさを出して仕上げるのが好きですが、オレンジの皮、ローズマリーの葉などで香りをつけてもいいですね。そして仕上げはパンナコッタと同じ真っ白のクレーム・シャンティイで。

バニラのババロワ

材料：12 × 18 ×高さ 8cmのババロワ型 1 台分

牛乳　400mℓ

バニラビーンズ　1 本

卵黄　3 個分

グラニュー糖　80g

板ゼラチン　7g

コワントロー　小さじ 2

生クリーム　150mℓ

クレーム・シャンティイ（p.10 参照）

- 生クリーム　$\frac{1}{2}$カップ
- グラニュー糖　小さじ 2

準備

- 板ゼラチンは水適量（分量外）に入れてふやかす。
- バニラビーンズは縦に切り目を入れる。

1 鍋に牛乳とバニラビーンズを入れて火にかけ、沸騰直前まで温める。火を止め、バニラビーンズは指で種子をしごき出し、さやは除く。

2 ボウルに卵黄とグラニュー糖を入れ、ゴムべらで白っぽくもったりするまで泡立て、**1**を少しずつ加えながら混ぜ、鍋に移す。

3 **2**を中火にかけ、軽くとろみがつくまで煮て（**a**）、火を止めて、水気をきったゼラチンを加えて溶かす。こしながらボウルに移す（**b**）。ボウルの底を氷水につけながら粗熱を取り、とろみが出るまで混ぜながら冷やす（**c**）。コワントローを加える。

4 別のボウルに生クリームを入れ、ボウルの底を氷水につけながら泡立て器で混ぜ、**3**と同じくらいのとろみにする。

5 **3**に**4**の$\frac{1}{3}$量を加えてよく混ぜ、残りの**4**を加えて混ぜる（**d**）。

6 型の内側を水でぬらして**5**を流し入れ（**e**）、冷蔵庫で2時間以上冷やし固める。型の底をさっと熱湯につけて型からはずし（**f**）、器に盛る。

7 生クリームにグラニュー糖を加えて泡立て、七分立てのクレーム・シャンティイを作る。星形口金をつけた絞り出し袋に入れ、ババロワの周囲と上に絞り出す。

a

b

c

d

e

f

a

b

c

d

e

f

パンナコッタ

材料：150mℓの容器6個分
生クリーム　300mℓ
牛乳　250mℓ
グラニュー糖　60g
レモンの皮（ノーワックスのもの）　1個分
バニラビーンズ　1本
板ゼラチン　6.5g
カラメルソース（作りやすい分量）
- グラニュー糖　100g
- 水　130mℓ

クレーム・シャンティイ（p.10参照）
- 生クリーム　100mℓ
- グラニュー糖　小さじ2

準備
- 板ゼラチンは水適量（分量外）に入れてふやかす。
- バニラビーンズは縦に切り目を入れる。
- レモンの皮は薄くむく。飾り用に少し取り分けて細切りにする。

1 カラメルソースを作る。鍋にグラニュー糖と水大さじ2を入れて火にかけ、鍋の縁が焦げついてきたら鍋を揺すりながらカラメル色になるまで焦がす。火を止めてすぐに残りの水100mℓを加え、再び火にかけて鍋底に固まったカラメルを溶かす（a）。

2 鍋に生クリーム、牛乳、グラニュー糖、レモンの皮、バニラビーンズを入れて火にかけ、沸騰してきたら弱火にし、10分ほど煮つめる（b）。火を止め、バニラビーンズは指で種子をしごき出して鍋に戻し（c）、さやは除く。

3 **2**にふやかしたゼラチンを加えて余熱で溶かす（d）。

4 **3**をこしてボウルに入れ、ボウルの底を氷水に当てながらゴムべらで混ぜ、とろりとゆるく固まってくるまで冷やす（e）。器に流し入れ（f）、冷蔵庫で冷やし固める。

5 生クリームにグラニュー糖を加えて泡立て、七分立てのクレーム・シャンティイを作る。**4**の上にのせて、カラメルソースをかけ、レモンの皮の細切りを添える。

カスタードクリーム

カスタードクリームは卵のクリームです。
卵黄のコク、香り、味を楽しむクリーム、
そして、お菓子に展開するときも主役となる花形。
シュークリームに代表されるように
シュー生地との相性がいいほか、
ビスキュイ生地、タルト生地などと組み合わせても
食感や味のバランスがとれます。
自家製ならおいしさもひとしお。
そんなカスタードクリームの世界を紹介します。

カスタードクリームの材料と道具

基本のカスタードクリーム

材料：約650g分
卵黄　6個分
牛乳　500mℓ
グラニュー糖　150g
バニラビーンズ　½本
薄力粉　50g
バター（食塩不使用）　30g
好みのリキュール
（ここではグラン・マルニエ）
小さじ2

カスタードクリーム作りの道具

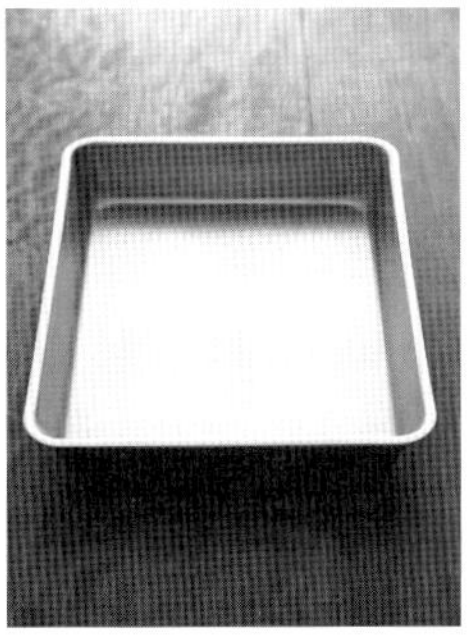

バット
煮て仕上げたカスタードクリームを冷やすために使います。小さいと冷やすのに時間がかかるので、22×28㎝程度のものを用意。

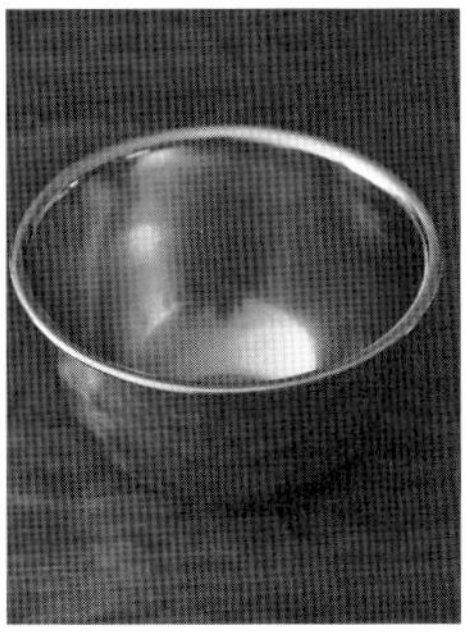

ボウル1個
立上りの深いタイプがおすすめです。熱伝導率が高く、よく冷えるステンレス製を。

鍋
カスタードクリームは煮て作るクリームなので、鍋が必要。上記の分量で作る場合、直径20㎝程度のものを。

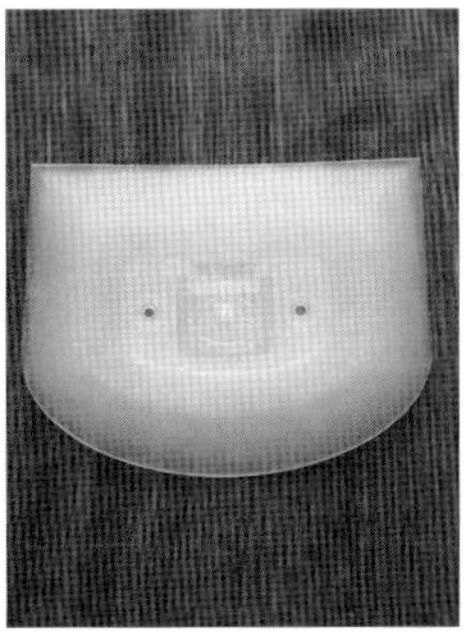

カード
カスタードクリームを仕上げにこすときに使います。ゴムべらよりかたいのでこしやすく、木べらより幅が広くて力も入りやすい。平らなほうを手で持って、丸みがあるほうでこします。

目の細かいこし器、目の粗いこし器
小麦粉をふるったり生地をこすときには目の細かいざるを、カスタードクリームを仕上げにこすときは目の粗いざるを使います。

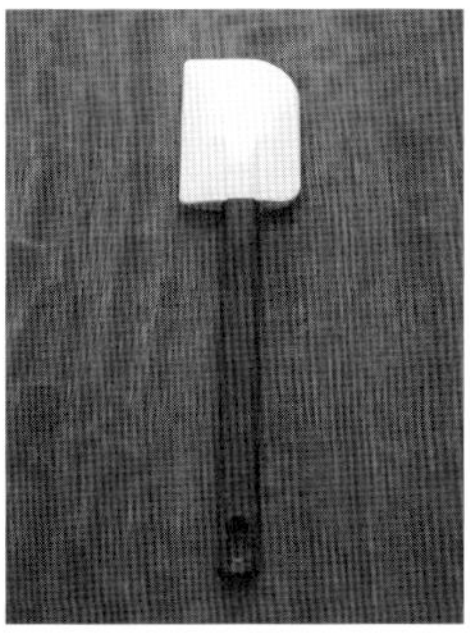

ゴムべら
生地を混ぜたりかき集めたりと、曲線で使うことが多いので、ゴムに弾力があって、先がある程度やわらかいものを用意します。

泡立て器
泡立て部分のワイヤーの数が多く、ふくらみが大きく、しなやかなもの、グリップが持ちやすいものを。

カスタードクリームの作り方

準備

- バニラビーンズは縦に切り目を入れる。
- 薄力粉はふるう。
- バターは室温でやわらかくする。

1 鍋に牛乳、バニラビーンズを入れて火にかけ、沸騰直前で火を止める。

2 ボウルに卵黄を入れて泡立て器でほぐし、グラニュー糖を加え、白っぽくなるまで混ぜる。

3 2に薄力粉を加えて混ぜる。

4 3に1の¼量を加える。一気に加えないこと。

5 泡立て器で混ぜてなじませる。

6 残りの1を加えて混ぜ合わせる。

7 目の細かいこし器でこしながら鍋に戻す。

8 バニラビーンズはさやから種子をしごき出して鍋に戻し、さやは除く。

9 8を中火にかけ、ゴムべらで混ぜながらとろみがつくまで煮る。

10 ふつふつと煮立って、なめらかになり、つやが出てきたら火を止める。

私はクリームにコシを出したいので、コーンスターチは加えずに薄力粉だけでとろみをつけ、バターを入れてコクを出し、あえてぽってりと仕上げます。

そして、カスタードクリームをより華やかにするのがバニラとリキュールです。基本のリキュールとして私はグラン・マルニエを使っていますが、ベリー類と合わせるならキルシュ、レモンにはコワントロー、バナナにはラム酒など、組み合わせるフルーツなどによって使い分けるといいでしょう。

11 バットに流して平らにする。

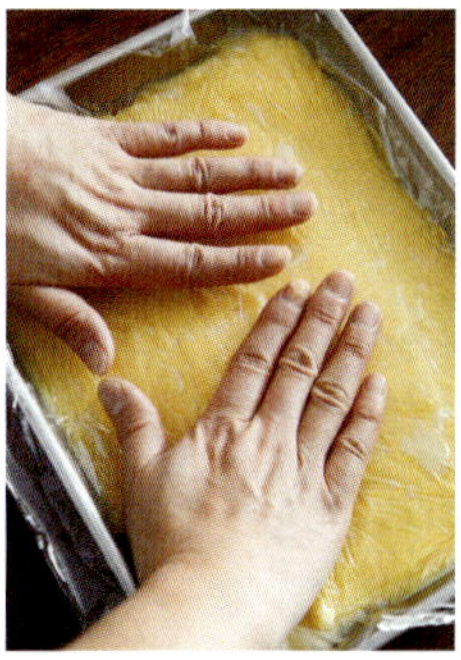

12 ラップをぴったりとかけて、このまま粗熱を取る。

13 目の粗いこし器にのせ、カードでこす。

14 13をボウルに入れ、やわらかくしたバターを加えて混ぜる。

15 グラン・マルニエを加えて混ぜる。

16 でき上り。冷蔵庫で冷やす。

味と色に変化をつける

カスタードクリームのバリエーション

▽作り方はp.52

オレンジ カスタードクリーム

レモン カスタードクリーム

ピスタチオ カスタードクリーム

チャイ カスタードクリーム

カスタードクリームのバリエーション

オレンジ
カスタードクリーム

基本のカスタードクリーム 200g をボウルに入れ、オレンジの皮のすりおろし½個分、オレンジ果汁大さじ 1 を加えて混ぜる。

レモン
カスタードクリーム

基本のカスタードクリーム 200g をボウルに入れ、レモンの皮のすりおろし½個分、粉糖大さじ 4、レモン果汁大さじ 2 を加えて混ぜる。

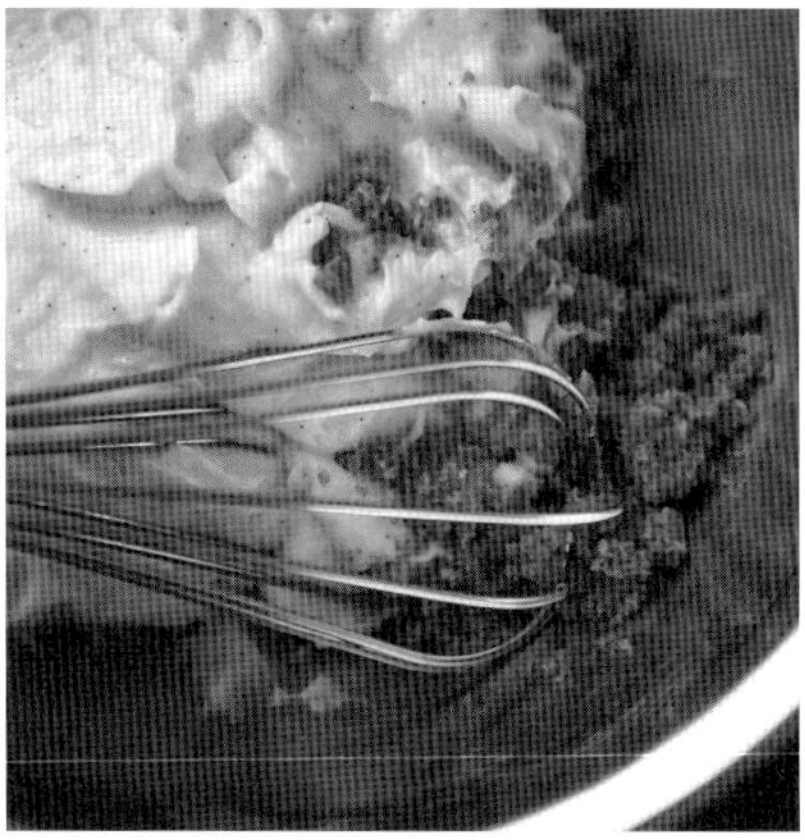

ピスタチオ
カスタードクリーム

基本のカスタードクリーム 200g をボウルに入れ、ピスタチオペースト（市販）20 ～ 25g を加えて混ぜる。

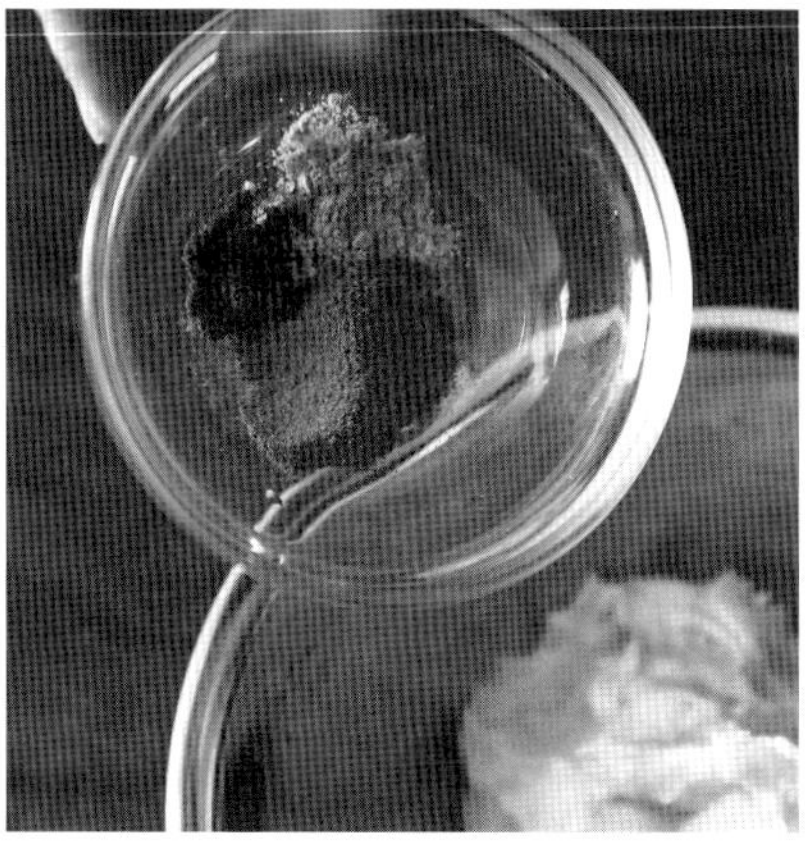

チャイ
カスタードクリーム

基本のカスタードクリーム 200g をボウルに入れ、シナモンパウダー小さじ½、カルダモンパウダーとクローブパウダー各小さじ⅙を加えて混ぜる。

シューの作り方

カスタードクリームと好相性

材料：15～18個分
バター（食塩不使用）　60g
牛乳　60mℓ
水　60mℓ
塩　3g
グラニュー糖　小さじ1
薄力粉　40g
強力粉　30g
卵　2½～3個

準備
- 薄力粉と強力粉は合わせてふるう。
- 卵はよくほぐす。
- 天板にオーブンシートを敷く。
- オーブンは190℃に予熱する。

1 鍋にバター、牛乳、水、塩、グラニュー糖を入れて中火にかけ、バターをとかす。

2 沸騰直前に火を止め、ふるった粉類を一気に加える。

3 再び中火にかけ、木べらで粉っぽさがなくなるまで、だまにならないように手早く混ぜ合わせる。

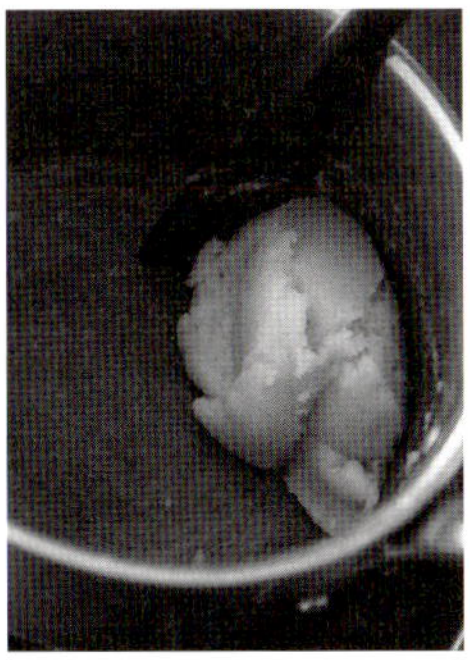

4 生地がまとまり、鍋底に薄く生地の膜が張るくらいになったら、火を止めてボウルに移す。

5 卵を少しずつ加えながら木べらで混ぜる。

6 生地を木べらで持ち上げたとき、生地が三角形を作りながらぽたっと落ちるくらいのかたさになったら卵を加えるのをやめる。

7 丸形口金をつけた絞り出し袋に入れ、天板に間隔を空けて直径4cmくらいに絞り出す。

8 残った卵をフォークの背につけて、生地の上を軽く押さえる。

9 190℃のオーブンで15分ほど焼き、ふくらんで焼き色がついてきたら180℃に下げて15～20分、割れ目にもしっかりと焼き色がつくまで焼く。ケーキクーラーの上で粗熱を取る。

カスタードクリームを詰めて楽しむ

シュー生地は塩をほんの少し効かせ、強力粉を加えてパリッと焼き上げる！　これがカスタードクリーム用のシューを作るときの私の決まりごと。カスタードクリームの風味、香り、味が引き立つのはもちろん、テクスチャーも大事だからです。

おいしくいただくポイントは、食べる直前にカスタードクリームをはさむこと。ここではカスタードクリームのみ、カスタードクリームとクレーム・シャンティイを混ぜたミックス、カスタードクリームとクレーム・シャンティイを重ねてはさむダブルの3種類を紹介します。

シュークリーム３種

作り方は p.56

クレーム・シャンティイ入りカスタードクリームで

本来は残り物のスポンジとあり合せのフルーツで作る、イギリスのお菓子。スポンジにはリキュール入りのシロップをしみ込ませ、季節のフルーツは2〜3種類、そしてクレーム・シャンティイを混ぜたカスタードクリームを重ねて仕上げます。シロップにリキュールを使うので、カスタードクリーム、クレーム・シャンティイともにリキュールは入れません。

作ってすぐでもかまいませんが、冷蔵庫に1時間ほど入れておくと全体に味がなじんで、ぐっとおいしくなります。

トライフル
＞ 作り方は p.57

シュークリーム３種

材料：15個分
カスタードクリーム（p.50参照）　適量
クレーム・シャンティイ（p.10参照）　適量
シュー（p.53参照）　15個
粉糖　適量

1 シューを上部1/3のところで切り、切った部分はふたにする。

2 カスタードクリームはボウルに入れ、泡立て器でなめらかになるまで混ぜる。

3 生クリームにグラニュー糖を入れて泡立て、七分立てのクレーム・シャンティイを作る。

A カスタードのみ

4 カスタードクリーム適量を星形口金をつけた絞り出し袋に入れ、シュー5個の上にたっぷりと絞り出し（a）、ふたをする。

B カスタードとクレーム・シャンティイのミックス

5 ボウルにカスタードクリームとクレーム・シャンティイを3対1の割合で入れ、泡立て器で混ぜる（b）。丸形口金をつけた絞り出し袋に入れ、シュー5個の上にたっぷりと絞り出し（c）、ふたをする。

C カスタードとクレーム・シャンティイのダブル

6 カスタードクリーム適量を丸形口金をつけた絞り出し袋に入れ、シュー5個の上に絞り出す。クレーム・シャンティイを星形口金をつけた絞り出し袋に入れ、カスタードクリームの上に絞り出し、ふたをする。

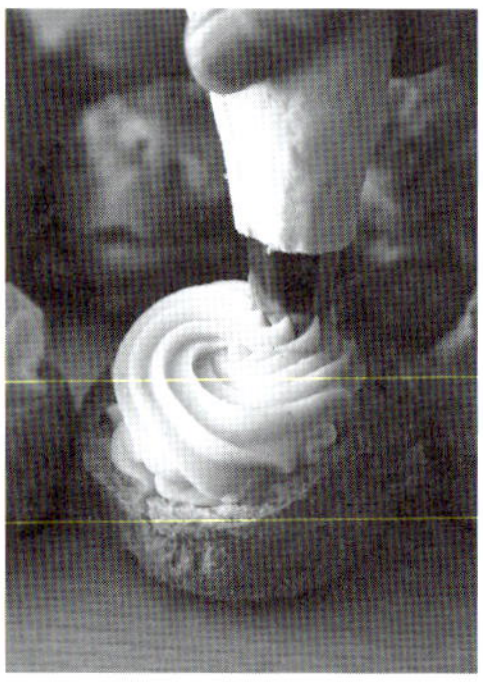
a

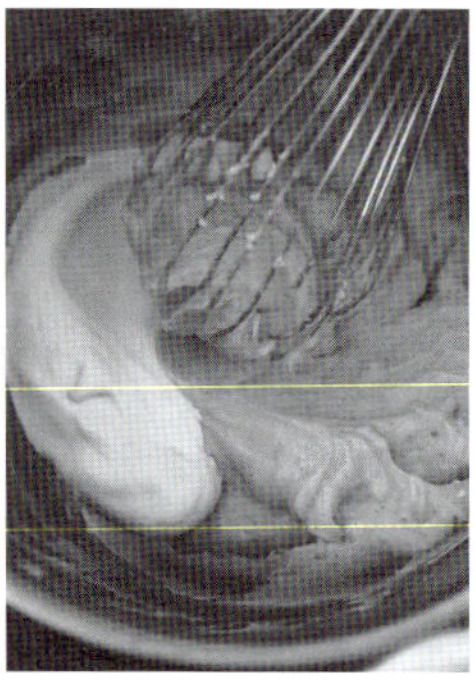
b

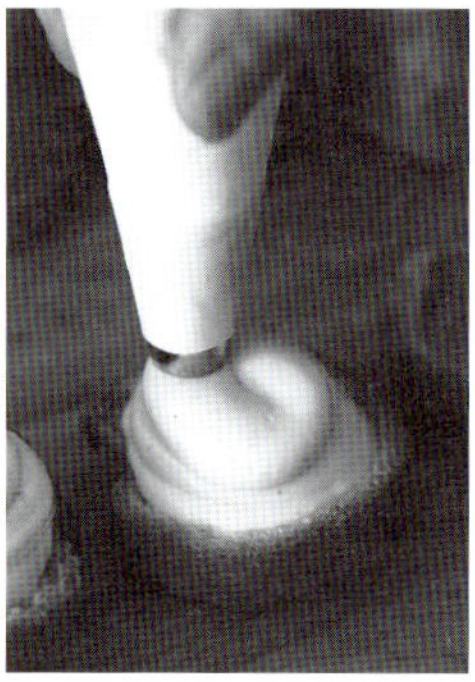
c

d

a

b

c

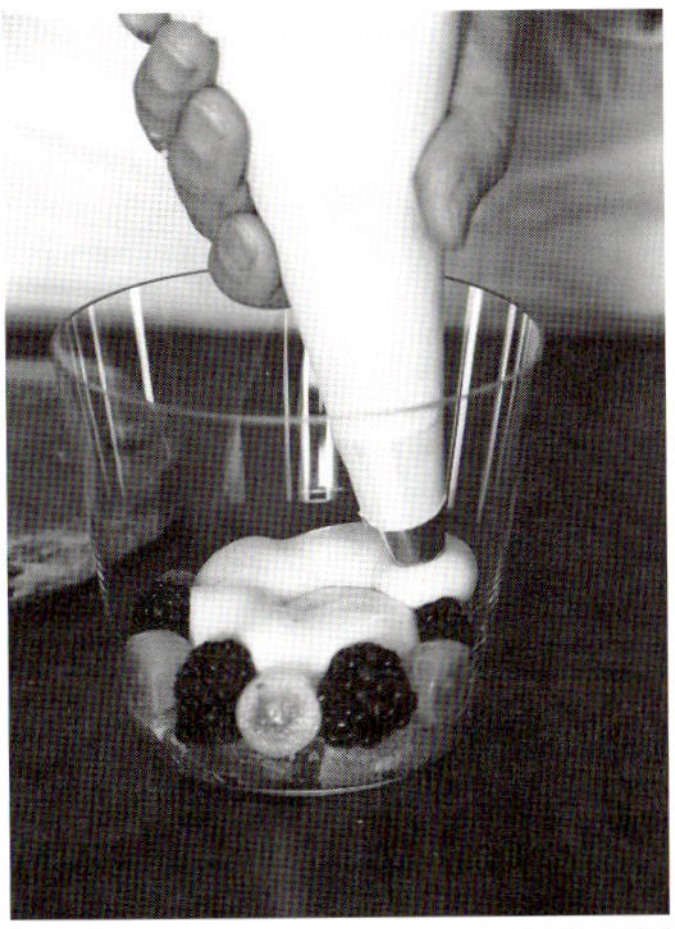

d

トライフル

材料：作りやすい分量

カスタードクリーム（p.50 参照）　200g

クレーム・シャンティイ（p.10 参照）

- 生クリーム　250mℓ
- グラニュー糖　大さじ２

シロップ

- 水　150mℓ
- グラニュー糖　80g
- コワントロー　大さじ１ $\frac{1}{2}$

スポンジケーキ（p.20 参照）

　1cm厚さのもの２～３枚

バナナ　１本

ブラックベリー　６～７粒

マスカット　10 粒

1 シロップを作る。鍋に水とグラニュー糖を入れて火にかけ、グラニュー糖が溶けたら火を止める。粗熱を取り、コワントローを加えて冷ます。

2 バナナは食べやすい厚さに切り、マスカットは半分に切る。

3 生クリームにグラニュー糖を入れて泡立て、七分立てのクレーム・シャンティイを作る。

4 カスタードクリームをボウルに入れ、泡立て器でなめらかになるまで混ぜ、**3**の $\frac{1}{3}$ 量を加えて混ぜる。丸形口金をつけた絞り出し袋に入れる。

5 スポンジを器に敷きやすい大きさに切って器に敷き（**a**）、シロップをはけでたっぷりとぬる（**b**）。マスカットの半量とブラックベリーを並べ、カスタードクリームをたっぷりと絞り出す（**c**）。

6 さらにスポンジをのせてシロップをぬり、バナナの切り口が見えるように器の側面に並べ、カスタードクリームをたっぷりと絞り出す（**d**）。

7 残りのマスカットを切り口が見えるように器の側面に入れ、クレーム・シャンティイをのせて仕上げる。このまま冷蔵庫で1時間以上冷やす。

パンビー ＞ 作り方は p.60

オレンジカスタードクリームを使って

パンビーとはパン＋ビスキュイの意で、パン・ド・カンパーニュの形をしたビスキュイ菓子のこと。ビスキュイ生地は表面はさっくりとして中はふわっとしているのが特徴で、型を使わず天板に直接生地をのせて焼きます。ここにカスタードクリームをたっぷりはさんでおいしくないわけがありません。基本のカスタードクリームを使ってもいいですが、フルーティーな香りのオレンジカスタードクリームが私の好みです。

レモンクリームタルト

> 作り方は p.61

レモンカスタードクリームを使って

サクッと香ばしい重量感のあるタルトと、濃厚でコクのあるカスタードクリームは黄金のコンビ。ここでは、＊ブリゼ生地でタルト台を作り、レモンカスタードクリームと組み合わせます。タルトは大きいサイズで作ってもいいですが、レモンの香りと酸味の強いクリームなので、小さいサイズのほうが味のバランスがとれます。八分立てにしたクレーム・シャンティイを添えるとリッチな味わいに。

＊練りパイ生地の一種。甘みが少なく軽やかな食感が特徴。

パンビー

材料：直径約18cmのもの1台分

メレンゲ
- 卵白　3個分
- グラニュー糖　70g

卵黄　3個分
薄力粉　85g
粉糖　適量
強力粉　適量
オレンジカスタードクリーム
（p.52参照）300g

準備
- 薄力粉はふるう。
- 天板にオーブンシートを敷く。
- オーブンは180℃に予熱する。

1 メレンゲを作る。ボウルに卵白を入れてハンドミキサーで少しふんわりとするまで泡立て、グラニュー糖を2〜3回に分けて加え、つやが出てしっかりとするまで泡立てる（a）。

2 1に卵黄をほぐして加え、ゴムべらで軽く混ぜ、マーブル状くらいになったところで、ふるった薄力粉を加えて手早く混ぜる（b）。

3 天板に山になるようにのせ（c）、粉糖をたっぷりとふり、強力粉を軽くふる。パレットナイフで格子状に筋目を入れる（d）。

4 180℃のオーブンで20分ほど焼く（e）。粗熱を取る。

5 横半分に切り、切り口にオレンジカスタードクリームをたっぷりとのせてパレットナイフでならし（f）、もとの形に戻す。

6 器に盛り、さらに粉糖をふる。

a

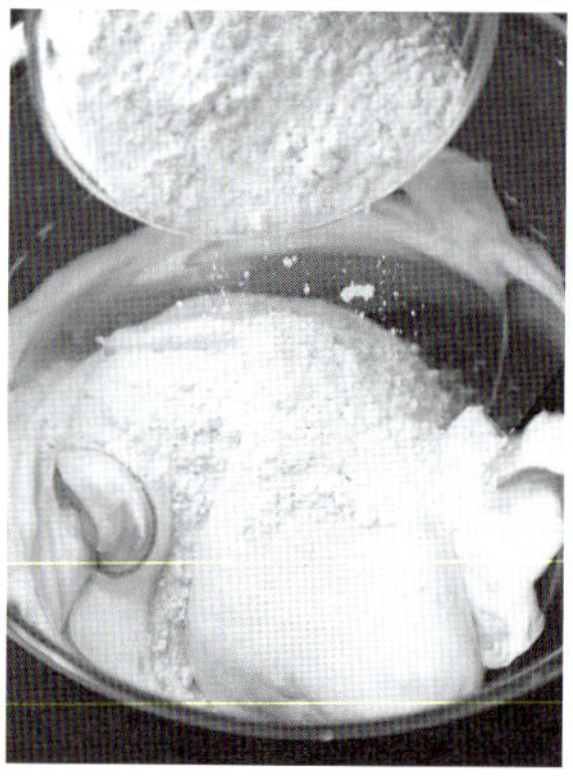
b

c

d

e

f

レモンクリームタルト

c

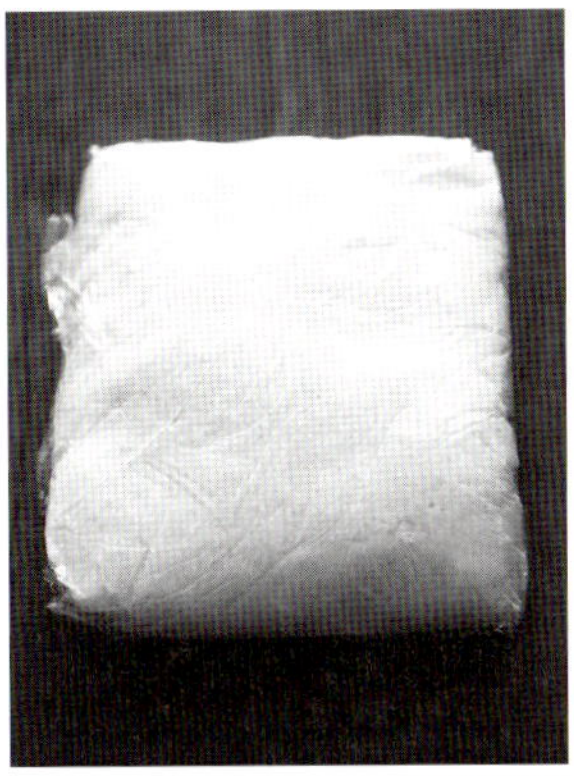

a

d

b

材料：直径 6cmの丸型や長さ 7cmの
ボート型 10 ～ 11 個分

ブリゼ生地

- 薄力粉　200g
- バター（食塩不使用）　100g
- グラニュー糖　50g
- 塩　3g
- 卵黄　1 個分
- 冷水　50 ～ 60mℓ

レモンカスタードクリーム
（p.52 参照）　200g

クレーム・シャンティイ（p.10 参照）

- 生クリーム　100mℓ
- グラニュー糖　小さじ 1

仕上げ用

- レモンの薄切り、ピスタチオのみじん切り　各少々

準備

- バターは 1cm角に切り、冷蔵庫で冷やす。
- オーブンは 180℃に予熱する。

1 ブリゼ生地を作る。フードプロセッサーに薄力粉、グラニュー糖、塩を入れてざっと撹拌し、バターを加えて細かいそぼろ状になるまで撹拌する（a）。

2 卵黄と冷水を混ぜ合わせ、**1**に少しずつ加えながら、全体にまとまるまで撹拌する（b）。取り出してラップに包み（c）、冷蔵庫で1時間以上休ませる。

3 **2**を打ち粉（強力粉。分量外）をした台に取り出し、めん棒で型より一回り大きく3mm厚さにのばす。

4 型に薄くバター（分量外）をぬり、**3**をぴっちりと敷き込んで余分な生地を切り落とす。オーブンシートを敷いて重石をのせ、天板に並べる（d）。180℃のオーブンで25～30分、から焼きする。重石とオーブンシートをはずして冷ます。

5 レモンカスタードクリームを丸形口金をつけた絞り出し袋に入れ、**4**に絞り出す（e）。

6 生クリームにグラニュー糖を入れて泡立て、八分立てのクレーム・シャンティイを作る。好みの星形口金をつけた絞り出し袋に入れ、レモンカスタードクリームの上に絞り出し、小さく切ったレモンやピスタチオを飾る。

e

バターを加えた
クレーム・ムースリーヌで

カスタードクリームに、やわらかくクリーム状にしたバターを混ぜたものが、クレーム・ムースリーヌ。ミルフィーユ、パリブレストなどに使われます。ここでは、薄く広げて焼いたシューと重ねてミルフィーユに仕立てていますが、濃厚な味わいでありながら、糖分が比較的少なくやわらかな口当りなので、たっぷり使ってもしつこくならないのが魅力です。シンプルに仕上げ、クレーム・ムースリーヌのおいしさを存分に楽しみます。

c

a

b

シューミルフィーユ

材料：15 × 15㎝の角型セルクル 1 台分

シュー生地

- バター（食塩不使用） 60g
- 牛乳 60mℓ
- 水 60mℓ
- 塩 3g
- グラニュー糖 小さじ 1
- 薄力粉 40g
- 強力粉 30g
- 卵 2½～3 個

クレーム・ムースリーヌ

- カスタードクリーム（p.50 参照） 全量
- バター（食塩不使用） 180g
- ラム酒 大さじ 1

粉糖 適量

準備

- 薄力粉はふるう。
- 天板にオーブンシートを敷く。
- オーブンは 190℃に予熱する。
- クレーム・ムースリーヌに使うバターは室温に戻す。

1 シュー生地はp.53の作り方**1**～**6**を参照して作り、天板の上に移し、めん棒で32×32㎝にのばす。190℃のオーブンで20分ほど焼いて冷まし（**a**）、15×15㎝に切る。ここではこれを3枚使う。

2 クリーム・ムースリーヌを作る。ボウルにバターを入れて泡立て器で白っぽくなるまで混ぜる（**b**）。

3 別のボウルにカスタードクリームを入れ、泡立て器でなめらかになるまで混ぜ、**2**のバターを少しずつ加えて混ぜ（**c**）、ラム酒を加えてなめらかなクリームにする。丸形口金をつけた絞り出し袋に入れる。

4 バットにセルクルをのせてシューを1枚敷き、**3**のクリームを直線で絞り入れる（**d**）。シューを1枚重ねてのせ（**e**）、再びクリームを同様に絞り入れ、シューを1枚のせる。ラップをして冷蔵庫で2時間以上冷やす。

5 粉糖をたっぷりとふり、パレットナイフでセルクルをはずし（**f**）、食べやすい大きさに切り分ける。

d

e

f

カスタードクリームでサンドイッチを作る

クレーム・シャンティイで作るサンドイッチはフルーツがないと成り立ちませんが、カスタードクリームで作るサンドイッチはカスタードクリームが主役。卵の風味とコシ、力強さがあり、そこにパンの風味と食感が加わって、それだけで充分な一皿になります。

また、カスタードクリームは煮て作るクリームであると同時に、温めてもおいしいクリーム。ホットサンドにすると香りも引き立ちます。

カスタードサンド

材料：2人分
食パン（8枚切り） 4枚
カスタードクリーム
（p.50参照） 70～80g
ピスタチオカスタードクリーム
（p.52参照） 70～80g

1 食パンは2枚1組にし、1枚にはカスタードクリーム、もう1枚にはピスタチオカスタードクリームをぬり広げ（a）、それぞれサンドする。
2 ラップにしっかりと包み（b）、バットなどにのせて冷蔵庫で30分ほど落ち着かせる。
3 パンの耳を切り落とし、熱湯につけて温めた包丁で切り分ける。

a

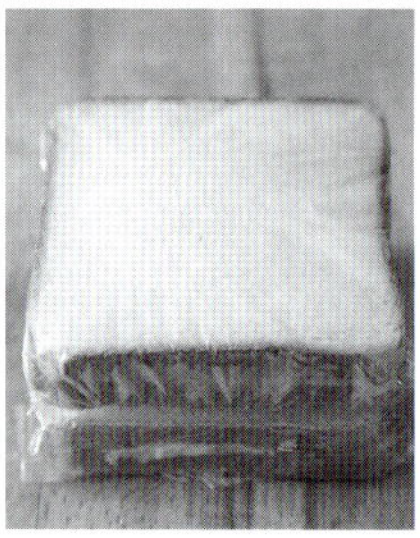
b

チャイカスタードホットサンド

材料：2人分
食パン（8枚切り） 4枚
チャイカスタードクリーム（p.52参照） 100g

1 バウルーまたはホットサンドメーカーに食パン1枚をおき、チャイカスタードクリームを厚めにぬり、もう1枚の食パンをのせて押さえ（写真）、ふたをセットする。
2 両面こんがりと焼いて取り出す。同様にしてもう一つ作り、半分に切り分ける。

バタークリーム

クラシックな洋菓子に
よく使われるのがバタークリーム。
卵黄と牛乳で作るアングレーズソースや、
ショートニングを加えて仕上げるものもありますが、
良質のバターが手軽に使えるようになり
バターの風味が堪能できる、
リッチなクリームが愛されています。
こってりと濃厚な味なので
スポンジ生地、バターケーキ生地、
サブレ生地とよく合います。

バタークリームの材料と道具

基本のバタークリームは二つ

基本的なバタークリームを2種類紹介します。一つはイタリアンメレンゲのバタークリームで、卵白を使って白くふわっと軽く仕上げた、万能タイプ。もう一つはボンブのバタークリームで、全卵と卵黄を使って黄色くこってりと濃厚に仕上げた、バターの風味が堪能できるクリームです。

イタリアンメレンゲのバタークリーム

材料(バター 200g 分)
バター(食塩不使用)　200g
卵白　60g
グラニュー糖　130g
水　40mℓ

ボンブのバタークリーム

材料(バター 200g 分)
バター(食塩不使用)　200g
卵黄　2個分
卵　1個
グラニュー糖　100g
水　40mℓ

バタークリーム作りの道具

鍋

卵黄を湯せんにかけたり、シロップを熱するときに必要。上記の分量で作る場合、直径16cm程度のものを。

ボウル3個

クリームを作るためのボウル、バターや卵白を泡立てるためのボウル、氷水を入れるボウルの3個を用意。クリームを作るためのボウル、泡立てるためのボウルは、ステンレス製で立上りの深いタイプがおすすめです。

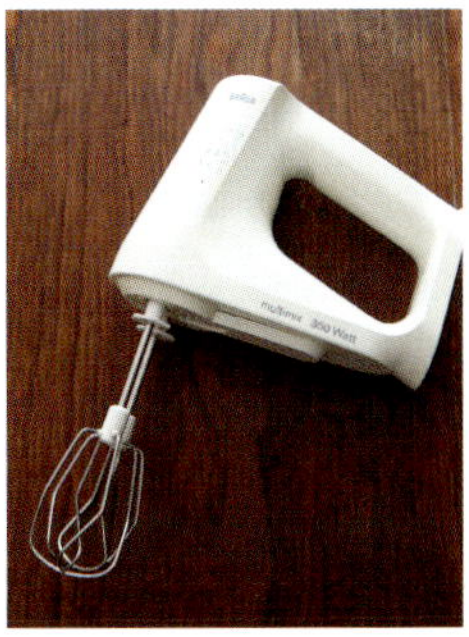

ハンドミキサー

メレンゲやバターを泡立てるときは、泡立て器を使うより断然早くて便利です。

温度計

鍋の中のシロップの温度を正確に測るために用います。料理・製菓用の棒状のものを。

ゴムべら

生地を混ぜたりかき集めたりと、曲線で使うことが多いので、ゴムに弾力があって先がある程度やわらかいものを。シリコン製がおすすめ。

泡立て器

泡立て部分のワイヤーの数が多く、ふくらみが大きく、しなやかなもの、グリップが持ちやすいものを。

バタークリームの作り方

イタリアンメレンゲのバタークリームは、熱したシロップを加えることによって卵白が殺菌され、メレンゲの泡が定着。そこにやわらかくしたバターを合わせて仕上げます。このとき、メレンゲとバターの温度とやわらかさが同じであれば、たいへん混ぜやすくなります。

ボンブのバタークリームの場合も、シロップの効用はイタリアンメレンゲと同様ですが、卵黄が多く入ることによって、さらにこっくりとコクのあるクリームに仕上ります。

どちらの場合もシロップは、110℃まで熱して火から下ろし、余熱で115℃にします。このタイミングを逃さず加えるのが成功の秘訣。

イタリアンメレンゲのバタークリーム

1 ボウルにバターを入れて室温に戻し、泡立て器で混ぜておく。

2 別のボウルに卵白を入れて、ハンドミキサーで少しもったりするまで泡立てる。

3 鍋にグラニュー糖と水を入れて火にかけ、110℃まで加熱する。

4 すぐに火から下ろし、**2**に少しずつたらしながら加え、ハンドミキサーで泡立てていく。

5 シロップがすべて入ったら、ボウルの底に氷水を当てながらしばらく泡立て続け、しっかりと熱が取れるまで泡立てる。

6 **1**のバターの1/3量を加え、ハンドミキサーで混ぜる。

7 残りのバターを2回に分けて加え、混ぜていく。

8 バターがすべて混ざったらでき上り。

ボンブのバタークリーム

1 ボウルにバターを入れて室温に戻し、泡立て器で混ぜておく。

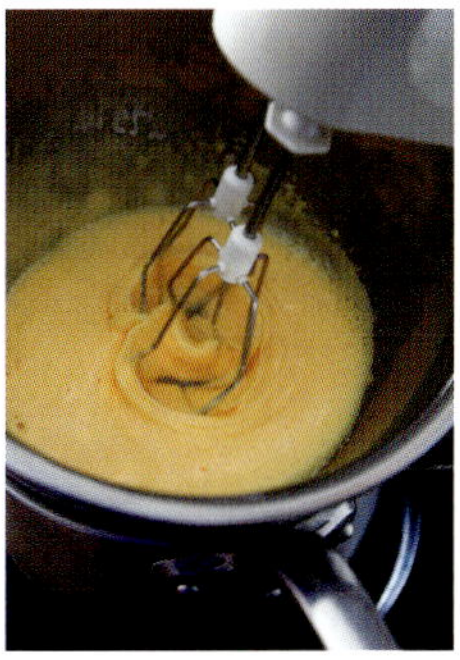

2 別のボウルに卵黄と卵を入れ、湯せんにかけながらもったりとして白っぽくなるまでハンドミキサーでしっかりと混ぜる。湯せんからはずす。

3 鍋にグラニュー糖と水を入れて火にかけ、110℃まで加熱する。

4 すぐに火から下ろし、2に少しずつたらしながら加え、ハンドミキサーで泡立てていく。

5 シロップがすべて入ったら、ボウルの底に氷水を当てながらしばらく泡立て続け、しっかりと熱が取れるまで泡立てる。

6 1のバターの⅓量を加え、ハンドミキサーで混ぜる。

7 残りのバターを2回に分けて加え、混ぜていく。

8 バターがすべて混ざったらでき上り。

残ったら……

ラップに包んでから保存袋に入れ、冷蔵庫で5日、冷凍庫で3週間ほど保存可能。室温に戻して使うか、泡立て直して使うこともできます。

味と香り、色に変化をつける

バタークリームのバリエーション

イタリアンメレンゲ、ボンブのバタークリーム。それぞれに相性のいいアレンジを紹介します。

モカバタークリーム

1 インスタントコーヒー小さじ２を熱湯小さじ１で溶く。
2 バタークリーム（ボンブ）200gをボウルに入れ、1を加えて混ぜる。

レモンバタークリーム

バタークリーム（イタリアンメレンゲ）200gをボウルに入れ、レモンの皮のすりおろし１個分、レモン果汁小さじ２を加えて混ぜる。

プラリネバタークリーム

1 アーモンドプラリネは厚手のビニール袋に入れ、めん棒などでたたいて細かくつぶす。
2 バタークリーム（ボンブ）200gをボウルに入れ、1を加えて混ぜ、ブランデー小さじ½を入れて香りをつける。

アーモンドプラリネの作り方

1 皮つきアーモンド150gは160℃のオーブンで20分ほどローストする。
2 鍋にグラニュー糖60g、水大さじ１を入れて沸騰させ、少し煮つまってきたところに1を加え、木べらで混ぜ続け、全体に焦げ茶色になったら、バター20gを加えて混ぜる。
3 オーブンシートの上に広げて粗熱を取る。

ラズベリーバタークリーム

1 フリーズドライのラズベリー15〜16gを厚手のビニール袋に入れ、めん棒などで粉状になるまでつぶす。
2 バタークリーム（イタリアンメレンゲ）200gをボウルに入れ、1を加えて混ぜる。

バタークリームのホールケーキ

ラズベリークリームは、ラズベリーの色味と香り、繊細さを生かしたいので、イタリアンメレンゲを使った白くて軽いバタークリームで作ります。組み合わせるのはショートケーキで使ったものと同じスポンジ。ラズベリークリームの上にラズベリーといちごのジャムをぬって三段重ねにすると味がしまり、最後までおいしくいただけます。デコレーションは、丸形口金をつけた絞り出し袋を使うほか、コルネ（p.17参照）で絞り出して細い模様をつけるといいですね。コルネで細い線が描けるのは、かたさのあるバタークリームならでは。

ラズベリークリームケーキ

材料：直径 15㎝の丸型 1 台分

スポンジ（焼いたもの。p.20 参照）　1 台
ラズベリーバタークリーム
　（p.70 参照）　200g
ラズベリーといちごのジャム
　（p.29 参照）　80g
シロップ
　水　50㎖
　グラニュー糖　25g
　キルシュ　小さじ 1
仕上げ用
　イタリアンメレンゲのバタークリーム
　　（p.68 参照）　少々
　ラズベリー　4～5 粒

準備

- シロップを作る。小鍋に水、グラニュー糖を入れて火にかけ、グラニュー糖が溶けたら火を止め、粗熱が取れたらキルシュを加える。

1 回転台にスポンジをのせ、上面を薄く削り取って平らにし、横3枚に切り、1枚目の切り口にシロップをぬる（**a**）。

2 ラズベリーバタークリームをのせてパレットナイフでぬり広げ、その上にラズベリーといちごのジャムをぬる（**b**）。

3 2枚目のスポンジの片面にシロップをぬり、ぬった面を下にして重ね、上面にもシロップをぬる。ラズベリーバタークリームをぬり広げ、その上にラズベリーといちごのジャムをぬる。

4 3枚目も同様に重ねてシロップをぬり、ラズベリーバタークリームをぬり広げ、側面にもぬってきれいに整える（**c**）。

5 ラズベリーバタークリームを泡立て器で泡立て、丸形口金をつけた絞り出し袋に入れ、上面の縁にそって絞り出す（**d**）。

6 オーブンシートでコルネ（p.17参照）を2つ作り、**5**の残りのクリーム、イタリアンメレンゲのバタークリームをそれぞれ入れ、細い線で模様を描き、ラズベリーを飾る（**e**）。

a

b

c

d

e

イタリアンメレンゲのバタークリームで

レーズンサンドでおなじみの、バタークリームを使ったクッキーサンドです。前ページのラズベリークリームケーキと同様、レモンの色味と香りを生かしたいので、イタリアンメレンゲを使った白くて軽いバタークリームで作ります。合わせるサブレ生地にもレモンの皮のすりおろしを加え、レモンのニュアンスを出します。

保存するときは冷蔵庫へ。いただくときは冷蔵庫から出してすぐでもおいしいし、10～15分前に室温に出してバタークリームをやわらかくしても楽しめます。

材料：12～15個分

レモン風味のサブレ生地

- 薄力粉　210g
- 粉糖　120g
- ベーキングパウダー　ひとつまみ
- 重曹　ひとつまみ
- 塩　ひとつまみ
- アーモンドパウダー　40g
- バター（食塩不使用）　120g
- 卵　1個
- レモンの皮のすりおろし（ノーワックスのもの）　1個分

レモンバタークリーム（p.70 参照）　200g

準備

- バターは1cm角に切り、冷蔵庫で冷やす。
- 卵はよくときほぐす。
- 型にオーブンシートを敷く。
- オーブンは180℃に予熱する。

レモンバターサンド

1 サブレ生地を作る。薄力粉、粉糖、ベーキングパウダー、重曹、塩を合わせてふるってフードプロセッサーに入れ、アーモンドパウダーをふるって加える。バターを加え、ほろほろの状態になるまで撹拌する。

2 卵とレモンの皮を加え、全体にまとまるまでさらに撹拌する（a）。

3 取り出してラップに包み、冷蔵庫で2時間以上休ませる。

4 3を打ち粉（強力粉。分量外）をした台に取り出し、めん棒で2～3㎜厚さにのばし、4×6㎝の長方形の抜き型で抜く（b）。天板に並べ、180℃のオーブンで15分ほど焼く。ケーキクーラーの上で冷ます（c）。

5 4のサブレを2枚1組にし、両目口金をつけた絞り出し袋に入れたレモンバタークリームを1枚に絞り出し（d）、もう1枚をのせてサンドする（e）。冷蔵庫で1時間以上休ませる。

a

b

c

d

e

両目口金。両側にギザギザがついた平らな口金。

ボンブのバタークリームで

ボンブのバタークリームは、卵黄を使用しているため風味がよく、存在感のある濃い味が特徴。ナッツやコーヒー、チョコレートやマロンペーストなど主張の強い素材との相性がよく、ここではアーモンドプラリネを混ぜたプラリネバタークリームをご紹介します。ちょっと懐かしいリング型でベーシックなバターケーキを焼き、プラリネバタークリームをたっぷりぬりました。濃厚で甘く、ボリューム感のある味に仕上がります。

d

b

a

c

アーモンドリングケーキ

材料：直径 18㎝のリング型 1 台分

バターケーキ生地

- バター（食塩不使用） 80g
- ショートニング 70g
- 粉糖 150g
- 卵 3 個
- 薄力粉 50g
- アーモンドパウダー 25g
- コーンスターチ 75g
- ベーキングパウダー 小さじ$\frac{2}{3}$

プラリネバタークリーム（p.70 参照） 450g

アーモンドプラリネ（p.70 参照） 適量

準備

- バターは室温に戻す。
- 卵はよくときほぐす。
- 薄力粉、アーモンドパウダー、コーンスターチ、ベーキングパウダーは合わせてふるう。
- 型の内側にバター（分量外）をぬって冷蔵庫で冷やし、バターが固まったら強力粉（分量外）をふり、余分な粉を落とす。
- オーブンは 170℃に予熱する。

1 バターケーキ生地を作る。ボウルにバター、ショートニング、粉糖を入れてゴムべらで混ぜ、ハンドミキサーでふんわりと白っぽくなるまで泡立てる。

2 卵を少しずつ加えながらしっかりと混ぜ、ふるった粉類を加えてゴムべらで混ぜ合わせる。

3 型に流し入れて表面をならし、170℃のオーブンで30分ほど焼く。ケーキクーラーなどにのせて冷ます（**a**）。

4 回転台にのせ、横3枚に切り、下から1枚目にプラリネバタークリームをのせてパレットナイフでぬり広げる（**b**）。2枚目を重ねて同様にしてプラリネバタークリームをぬり、3枚目を重ねる（**c**）。

5 側面にプラリネバタークリームをぬり（**d**）、全体にぬってパレットナイフで整える。仕上げにアーモンドプラリネを飾る。

コーヒーと相性のいいボンブのバタークリームを用いた、クラシックなお菓子の定番。渦巻き状に巻くと、どこを食べてもスポンジとクリームが一緒に口の中に入り、モカバタークリームの濃厚な風味がスポンジとなじむため、飽きることなく食べきってしまいます。バタークリームのおいしさがわかるお菓子といってもいいでしょう。

上手に巻くコツは、スポンジを焼いたらすぐにポリ袋などに入れて、乾燥を防ぐことと、巻く前にスポンジに筋目を入れておくこと。これでスポンジが割れてしまうのを防げます。

モカバタークリームと
コーヒー風味のスポンジで

モカロール

材料：1本分（28×28cmの天板）

コーヒー風味のロール用スポンジ生地

- 卵　3個
- 上白糖　60g
- 薄力粉　60g
- バター（食塩不使用）　10g
- 牛乳　10mℓ
- インスタントコーヒー　大さじ1
- 熱湯　小さじ1

シロップ

- 水　50mℓ
- グラニュー糖　25g
- ラム酒　小さじ2

モカバタークリーム（p.70参照）　200g

ココアパウダー　適量

準備

- 卵は室温に戻す。
- 薄力粉はふるう。
- バターは牛乳と合わせて湯せんでとかす。
- インスタントコーヒーは熱湯で溶く。
- 天板にオーブンシートを敷く。
- オーブンは200℃に予熱する。
- シロップを作る。小鍋に水、グラニュー糖を入れて火にかけ、グラニュー糖が溶けたら火を止め、粗熱が取れたらラム酒を加える。

1 スポンジ生地はp.26の作り方**3**～**7**を参照して作る。きび砂糖の代わりに上白糖、カラメルソースの代わりにコーヒーを用い（a）、同様に作る。

2 **1**を天板に流し入れ、カードで平らにならし（b）、天板ごと2～3回落として空気を抜く。200℃のオーブンで10分ほど焼く。すぐに天板からはずし、乾燥しないようにポリ袋などに入れて粗熱を取る。

3 スポンジをひっくり返してオーブンシートをはがし、もう一度裏返して焼き面を上にし、シロップをぬる（c）。

4 モカバタークリームをのせ、パレットナイフで平らにぬり広げ（d）、手前から2～3cm幅に筋目を5本ほど入れる（e）。

5 手前からオーブンシートごと巻いていく。オーブンシートをめん棒と一緒に持ち上げると巻きやすい（f）。

6 巻き終わったら手で押さえてしっかりと形作り、ラップに包み込み、冷蔵庫で1時間ほど休ませる。

7 ラップをはずし、四角いレースペーパーをのせてその上から茶こしを使ってココアパウダーをふり、模様をつける。

a

b

c

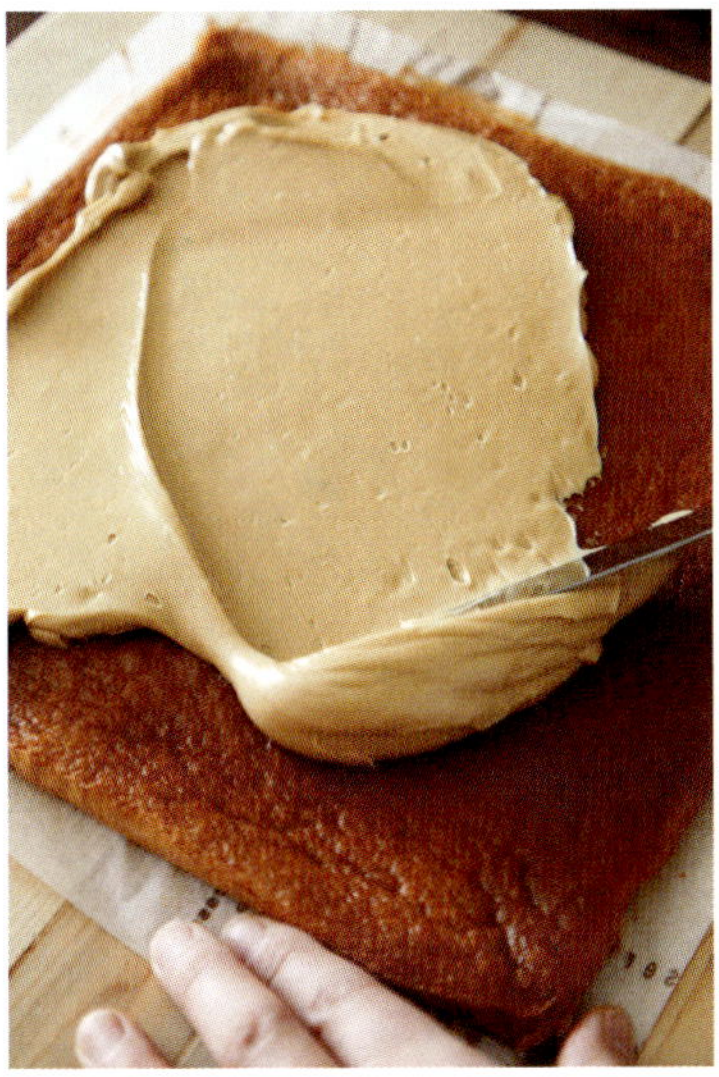
d

e

f

坂田阿希子（さかた・あきこ）

フランス菓子店やフランス料理店での経験を重ね、独立。現在、料理教室「studio SPOON」を主宰し、国内外を問わず、常に新しいおいしさを模索。プロの手法を取り入れた家庭料理の数々は、どれも本格的な味わい。近年はお菓子の本でもヒットを飛ばしている。著書に『煮込み料理をご飯にかけて』『カレーが食べたくなったら』『この一皿でパーフェクト、パワーサラダ』『坂田阿希子の肉料理』（すべて文化出版局）がある。近著は『チョコレートのお菓子』（グラフィック社）。

studio SPOON
http://www.studio-spoon.com

生クリーム　カスタードクリーム　バタークリーム

クリームのことがよくわかる！お菓子の本

2019年6月17日　第1刷発行

著　者　坂田阿希子
発行者　濱田勝宏
発行所　学校法人文化学園　文化出版局
〒151-8524　東京都渋谷区代々木3-22-1
電話 03-3299-2565（編集）
03-3299-2540（営業）
印刷所　凸版印刷株式会社
製本所　大口製本印刷株式会社

文化出版局のホームページ　http://books.bunka.ac.jp/

撮影協力　TOMIZ（富澤商店）
オンラインショップ　https://tomiz.com/
tel.042-776-6488

アートディレクション　昭原修三
デザイン　植田光子
撮影　木村 拓（東京料理写真）
スタイリング　久保原惠理
校閲　田中美穂
編集　松原京子
浅井香織（文化出版局）